SQ選書
18

出版文化と
編集者の仕事

個人的な体験から

大竹永介
OTAKE Eisuke

社会評論社

◆目次

第一章
＊
駆け出し編集者の悩み多き毎日

1 「はじめてのおつかい」と赤い風船

そのころの私

私が大学を卒業して講談社に入社したのは一九七三(昭和四十八)年四月。以後四十年あまりの主として編集者としての経験を、これから時系列で書いていくつもりだが、ものの順序として、それに先立つ数ヵ月、いまでいえば「就活時代」(当時はそんな言葉はなかった)のことに少しふれておこう。

この時代、すでに「就職協定」なるものは存在したはずなのだが、まったくもって有名無実。私のいた法学部では四年生になる前に就職が決まってしまうなどというのはけっして珍しいことではなかった。いや、それどころか、早い連中は、その前年のうちに内定をもらったというような話さえあったくらいである。

そんななかで私はといえば、授業よりも麻雀荘にいることのほうが多いくらい。いたって不真面目な学生だったし、高校生のころから文芸同人誌(これも死語だ!)などにかかわっていて、会社勤めなどせずに小説でも書いて生活できたらいいなあ、などとなんとも夢のようなことを考えていたくらいだから、およそそういった世間の動きには無頓着。気がついたら四年生のクラスのなかで、まだ就職の決まっていない少数派の立派な一員、ということになっていた。

とはいえ現実は厳しい。経済的に余裕のある家ではなかったし、作家としてメシが食えるほどの才能のあろうはずもないことくらい、自分でもよくわかっていたから、嫌でも生活の糧は得なければならない。まして、父親が自由業だったせいもあって金銭的に苦労してきた母親から言われつづけていた「安定した勤め人になりなさい」という言葉はそれなりに重く、ようやく重い腰を上げることになった。

最後に講談社から

あまりに古い話でほとんど記憶に残っていないが、会社説明会のようなものにも参加し何社か入社試験を受けた。

時代は七〇年代の初め。衰えたとはいえ、まだ学園闘争の余韻が残っていたころである。企業に入るといっても、銀行だとか、商社だとかには行く気になれず（私の個人的な志向にすぎないのかもしれないが、それでも、高校の同窓生名簿を見ると、私たちの代には金融関係に就職した人間が極端に少ない。ある種の時代の「空気」というものは確かにあったような気がする）なぜか私は飲料品、食品関係の会社ばかりを受けた。

結果、落ちた。Kビール、Y乳業、M製菓……ことごとく落ちた。

季節はすでに早汗ばむ陽気。さすがに私も焦ってきた。当時、この時期になると、ほとんどの会社の採用は終わっていて、残るはマスコミか公務員試験くらいしかなかった。

公務員になる気などさらさらなかった私は（それは公務員という仕事の内容というよりはその試験問題の量の厖大さによるところが大きかったのだが）、けっきょく、当初は考えてもいなかった出版社の試験に挑むこととなり、ここでも連戦連敗、最後の最後にようやく講談社から内定をもらったのは確か八月、夏休みの最中。誰もいないキャンパスで友人に報告をしたときのことだけはよく覚えている。

一生の仕事など……

小説が好きで、読んだり書いたりしてきた私が、なぜ最初は出版社志望ではなかったか（いま、面接で「子どものころから本が大好きで」と胸を張る学生のなんと多いことか！）、出版社の連戦連敗がいかなるものだったかは、書きだすと長くなってしまうし、また本書の主旨とも離れてしまうのでこれ以上は深入りしない。

ただ、ひとつここでいっておきたいことは、人間の資質や適性というものは、そう簡単にわかるものではないということだ。まして、一生の仕事など二十歳そこそこのときに決められるわけのものでもなく、最初の思いどおりにいかないからといって（入社試験のひとつやふたつに落ちたからといって）悲観することもうろたえることもないのである。

私はけっして運命論者ではないが、しかし、いくつもの会社にふられ、出版社のなかでも講談社にだけ拾われたということには、いわば「強いられた」なにかがあったように思えてならない。

後年、面接をする側になったとき、「最近の学生は一般企業と出版社と両方受験するんだから、ほんとうにこの仕事やりたいのかね」という嘆きの声をしばしば耳にしたが、私自身がそんなありさまだったから、いや、まあそれはそうかもしれないけれど……と、内心モゴモゴ言いながら苦笑するしかなかった。

そして、それ以上に、いささか大げさにいえば、この仕事でなければ生きていけないと言わんばかりの学生の「熱さ」には、ある種の危うささえ感じることがあった。過剰な「自己実現欲求」とでもいったらいいのだろうか。

このことにも後でまたふれることになると思うが、くりかえせば人生二十歳やそこらでは、先々どうなるかなどわかりはしないし、またどうにでもなるものなのである。

もうひとつ、よかったと思うことは、自分の好きなもの（私にとってはそれは文学であり小説であった）から少し距離をとったことである。それは意図的なものというよりほとんど生理的なものではあったが、自分のいる場所を「相対化」してみることの大切さを、この後私は実際の仕事のうえで痛感することになる。これについても、いずれまたあらためて述べることにしよう。

出版社の研修

「はじめてのおつかい」について書くつもりが、前置きが長くなってしまった。

四月に入社をしても、もちろんすぐ「仕事」というわけではない。この時代もいまも（途中若干の変化はあるが）約二ヵ月の研修期間があり、その間は身分的にも正社員ではなく試用期間。

研修期間を終えて、はじめて正式にそれぞれの部署に配属となり、実際の仕事のスタート、となるわけである。

研修の中身については詳述しないが、講談社にかぎらず、出版社によくあるのは書店での実習。実際に一書店員として働くわけで、私たちの時代は一ヵ月の長期にわたった（いまはもっと短くなっている）。

もちろん、社会人としての一般的なマナー研修のようなものから、「反対部門実習」といって、自分がいく部門とは反対、たとえば編集志望者は営業部門（販売とか宣伝とか）の仕事の経験をするというようなものもあった。（私の時代、講談社は雑誌編集部門、営業部門、校閲部門、経理部門、と細かく分けて採用していた）いずれにしても、いわば出版社員になるための「助走期間」、言葉をかえれば執行猶予のようなもの。気分的には「早く現場に行きたい」という、落ち着かないようなじれったいような、そんな感覚の二ヵ月間であった。

さて、ようやく「初仕事」の話である。

と、いってても自分がきちんと担当してなにごとかを成し遂げた、という「初仕事」ではなく、文字どおり、初めていいつけられた「仕事」。これすなわち「はじめてのおつかい」のことである。

『なかよし』配属、最初の「指令」

話が前後してしまったが、私の配属先は『なかよし』という付録つきの月刊少女まんが誌。編集長もいれて九人の所帯だったから、編集部員は皆、まんがもやれば、記事も口絵（雑誌の巻頭につくカラーページ。懸賞だったり、タレントの写真だったりする）も担当するという状態だった。

確かまだ配属になって数日しかたっていなかったと思う。正式な担当も決まっていないし、かりに決まっていたとしても仕事の手順など皆目わからないわけだから、まずは先輩社員の手伝いから始まるのは当然のことなのだが、指導社員（これは、いまでもある制度。入社して最初の一年間、会社から正式に任命された先輩社員がなにかと面倒をみてくれる）のKさんから、こんな「指令」がとんだ。

「明日午前△時に浅田美代子の撮影がある。小道具に使う風船を朝イチで蔵前の問屋に行って受け取り、フジテレビまでもってくるように」

浅田美代子は当時テレビドラマ「時間ですよ」で人気が出はじめた十七歳の新人。その年の四月に出したデビューシングルが「赤い風船」という曲だった。曲名にちなんで赤い風船をもたせて写真を撮ろうというわけである。

いうまでもないが、これにはイヤもオウもない。翌朝かなり早い時間に、行けばわかるからと渡されたメモを頼りに蔵前におもむいた私は、まだ店を開けていないおもちゃ問屋（なのだろう、たぶん）を起こし、渡された風船の束を手にタクシーに乗った。まだフジテレビが新宿の河田町、東京女子医大の近くにあった時代である。

ところで想像してもらいたいのはこのときの私の姿かたちである。入社してまだ二ヵ月。新入社員たるもの、しばらくはネクタイ、スーツを着用すべし、というような不文律が、まだ生きていた時代（現在は、部署にもよるが、一般的に編集部門、とくにまんが編集部は服装の自由度が大きい。おそらく新入社員といえども、現場に行けば即スーツとはおさらばできるのではないだろうか）。

で、このときの私はといえば、白ワイシャツにネクタイ、紺のスーツ、手には風船の束。しかも狭いタクシーのなかでは風船がうまくおさまらないため、やむなく窓を開けて風船だけ外に出すような案配。道行く人が不思議そうな顔で見ていた、というのは私の思い過ごしだったかもしれないが、それにしてもなんとも珍妙ななりだったのではないだろうか。

いまでも、思い出すとわれながら吹き出しそうになるのだが、なんだか、ヘンな仕事についちゃったなあ……と、照れくさいような、恥ずかしいような、不思議な感情にとらわれたのをよく覚えている。

もっとも、根がミーハーというか、浅田美代子は十分かわいかったし（私は今でも彼女のファンである）、それで仕事がイヤになるなんてことはまったくなかった。ただ編集者っていうのは、ずいぶんいろいろなことをやるものなんだなあ、と身をもって痛感したというわけである。

「はじめてのおつかい」の話はこれだけ。特別教訓めいた「なにか」を付け加えようとは思わない。ただ、「編集者とはいろいろなことをやるもの」ということだけは、まぎれもない真実だ。

お茶の準備をしなければならないこともあれば、取材旅行の宿や鉄道の手配も、サイン会でペンのインクが切れれば文具店まで走らなければならないことだってある。

要するに雑用一般、臨機応変になんでもやる必要があるわけで、この後、私もさまざまな機会にそのことを思い知らされることになる。

ノリとハサミと校了と

ところで、編集作業の重要なもののひとつに「校了」というものがある。

簡単にいってしまえば、印刷所から戻ってきた原稿の試し刷り（＝校正紙、ゲラという）のまちがいなどを正し、「これでけっこうです。先に進めてください」と編集部の手をはなすこと。

つまり雑誌であれ、書籍であれ、すべてのページについてこの「校了作業」が終わらないかぎり本はできないわけで、とりわけ発売日が厳密に決まっている雑誌の場合はきわめてシビアな時間との闘いになる。いわゆる「締め切り」というやつである。

私の配属された『なかよし』は先にも述べたように月刊誌（毎月三日発売）だったから、月に一回この「校了作業」があり（正確にいうと増刊号なども出していたから月に二回のこともあったが）、だいたい三日間くらいが「校了期間」に充てられていた。

校了日程を決めるのは、進行係の副編集長クラスの仕事なのだが、毎月自分の担当分が校了期間の何日目になるかが編集部員の大きな関心事だった。時間は少しでもあったほうがいい、なるべく後のほうに設定してもらえないかということである。

さて、私のほんとうの「初仕事」、自分の担当ページの最初の「校了」の話を書いてこの項を終わろう。

先にも書いたように、『なかよし』編集部は小所帯。部員は皆、まんがも記事も口絵も担当するしくみだったが、当時、『なかよし』に来た新入社員がかならず担当させられるのが付録か、「なかよしジョッキー」（以下「ジョッキー」）という十六ページの記事ページだった。つまり、その二つがとびぬけて作業的に面倒なもので、どちらかを担当させることによって新人を「鍛えよう」というわけである。（どちらになるかは基本的に順番。私の前年配属になった先輩が付録担当となり、私は「ジョッキー」の担当となった。ついでに付け加えると付録のたいへんさに比べれば「ジョッキー」などまだラクなほう、ということがおいおいわかってきて、私は自分の〝幸運〟を喜んだものである。

作業の詳細は省略するが、この「ジョッキー」、とにかく細かい。活字で組む本文（まだ活字を組んでいた時代だ！）以外にイラストや書き文字は凸版を作って組みあわせるわけだが、たとえば本文の語り手であるキャラクターの似顔絵や、途中に挿入される写真やイラストをすべて製版し、その清刷りを活字のゲラの所定の位置に貼りこんでいく。しかも十六ページも！

自慢ではないがいたって不器用な私。それこそ編集者の仕事とは工作だったのか！ とため息をつきながらノリとハサミ（確かピンセットも！）を手にしたそれは涙ぐましい悪戦苦闘であった。

もちろん、すべては先輩に教えられるまま。正直にいって、校了紙を作っているあいだは、ほとんど自分のやっていることの意味がよくわかってはいなかった。

ほんとうに雑誌になっているじゃないか！――

それが、である。なんとか校了が終わり、数日たって届けられた「刷り出し」（印刷しただけで製本する前のひとまとまり。この場合「ジョッキー」の十六ページ分だけ）を見たときのうれしさといったら、それはなかった。

そうか、あの校了紙が、こうなるのか！ これ、ほんとうに雑誌になっているじゃないか！

こうして書いてみるとなんとも幼稚というか、ばかばかしいような感想だが、それがそのときの私の偽らざる気持ちだった。

私は仕事の合間に何度も何度もその刷り出しを取り出しては眺め、ひとりニヤニヤしていた。単純にうれしかったのだ。

長い編集者生活のなかで、もちろんいろいろな感動や喜び、を経験してきたが、ある意味では、このときの思いにまさるものはなかった、といってもよい。

私は一時期人事の採用研修担当部署に在籍したことがあるが（このことについては、のちにまたあらためて述べるつもりだ）、新入社員たちにもこのときのうれしさをくりかえし語ったものだった。それは、そんな大仰な、といわれるかもしれないが、なにものかを創りあげたときの、きわめてプリミティブな〝喜び〟というようなものだったのだろう。

ともあれ、私の編集者生活はこうして動き出した。右も左もわからないことだらけ、わが悩み多き日々はまだまだこれからなのである。

2 最初の悩み――編集者と作家はどちらが偉いのか？

少女まんがの世界へ――

前節でも書いたとおり、私の最初の配属先は『なかよし』編集部。付録付きの厚い月刊の少女まんが雑誌である。

子どものころ、その男の子版ともいうべき『少年』とか『ぼくら』とかを読んでいた私は、研修中に『なかよし』を見て、「まだ、こんな雑誌があるんだ！」と驚くとともに、ひどくなつかしいような気持ちだったことをよく覚えている。ちなみに『なかよし』は今も存在し講談社では『群像』とならぶ古い雑誌（一九六四年十二月創刊）である。

『なかよし』創刊号

当時の『なかよし』はまだ「キャンディ・キャンディ」のヒットが出る前で、部数も二十万そこそこ、ライバルの『りぼん』(集英社)にいつもダブルスコアの差をつけられていた。

「キャンディ・キャンディ」の連載開始は二年後の一九七五年、同時代のやはり大ヒット作品となる「はいからさんが通る」(大和和紀)のスタートも同じ年だが、私といえば、「キャンディ」の連載準備のようすは(担当者ではなかったが)つぶさに目にしながら、そのスタート時期には「はいからさん」掲載の『週刊少女フレンド』のほうに異動になっていた。配属されて二年半、当時としては若干早い異動だったように思う。

この異動の話になるといささか長くなり、のちにまた触れることもあると思うのでここまでにしておく。ともあれ、これから二十数年にわたって私は少女まんが編集者として過ごすことになるのだが、当時、もっとも私が悩んだのが「編集者とまんが家はどちらが偉いのか?」という問題であった。

あまりに対照的な……

「編集者」と「まんが家」をならべて偉いの偉くないのとは、なんとも子どもじみた設問だが、私がこんなことを考えるようになったのは、編集者生活のもっとも基礎となるべき時期を過ごした『なかよし』『フレンド』というふたつの編集部のまんがの作りかたが、あまりに対照的だったためである。

この時代は印刷技術的にいえば、〝石器時代〟のようなもので、活版印刷が主流。まんがも一ページずつ「亜鉛凸版」（通称アトツ《亜凸》）というものを作っていた。そのため、できあがったまんが原稿のセリフの部分（ネームとよぶ）を写植（写真植字）に打ちかえ、それを切り取って原稿に貼りつけるというのが、編集者の（少なくとも時間的には）大きな仕事のひとつであった。

あるときこんなことがあった。

編集者は、まんが家による鉛筆書きのセリフ部分を写植に打ち変えるために、まず紙に写し取るのだが、まんが家によっては「ふきだし」（せりふが入る部分）の大きさとネームの量のバランスが悪く、決められたところに入らない場合がでてくる。

新入社員として先輩の「ネームとり」を手伝っていた私は、どうにも入らないネームに（なんとか改行等を工夫して入れろ、と指導されているのだが）ギブアップ、「これどうやってもダメです」と音を上げた。そのときの先輩の言葉が……、

「いいよ、入るように、おまえセリフ変えちゃっていいよ」

これにはさすがに仰天した。学生時代、小説もどきのものを書いたり雑誌を作ってきたりしただけに、「ええっ、作家に無断でそんなこと!?」と、思わず声が大きくなったものの、「いいよ、いいよ」とそれきり。

もちろん、いささかこれは極端な例だが、根底にあるのは、

「まんがは自分たち（編集者）が作る」

「作家に任せておいてはおもしろいものなどできるわけがない」

という強い考えかたである。したがって打ちあわせも丁寧というか厳しいもので、まんが家からのアイディアや「ネーム」（最初コマ割りしたラフコンテもこう呼ぶ場合がある）には徹底的にダメを出し、直しを入れるのがふつうだった。

これにたいして二年半後に移った『フレンド』編集部は正反対。打ちあわせでダメ出しをしないわけではないのだが、基本的には作家の言い分を尊重していた。よくいえば「作家性」を重んじていたという風にも言えるのかもしれなかったが、悪くいえば「ぬるく」、作家先生の言うがままに「原稿をいただく」という傾向が強かった。

「先生、こんどは四十ページの読み切りをお願いします」といって型どおり何回かの打ちあわせをすればあとは原稿のできあがりを待つだけ……そんな先輩の仕事ぶり（もちろんすべてそうだとは言わないが）に若気のいたり、「編集者はお使いさんかよ」とひそかに悪態をついたものである。

会議二態、どっちが正しい？――

とはいえ、さて、作家に無断でセリフを書き換えてしまうのもいかがなものか、である。いまにして思えば、これには（少女）まんがの「黎明期」という問題もあり、突き詰めれば「編集とはなにか」という大きな問題にも行き着くのだが、当時はまだ仕事自体もよくわからず、（まんが家にたいして）「偉そう」にしている編集者にも、（まんが家を）「偉そうに」奉っている編集者にも、ともに違和感を覚えていた私にとっては、では、いったいどっちが偉いのだ、ということになったわけである。

答えを先にいってしまおう。いや、「答え」というよりは私が最終的にたどり着いた結論、それは「どちらが偉いということもない」というものである。なんだ、しようもない、という声が聞こえてきそうだが、そもそも前述したように「偉いかどうか」という幼稚な設問をするかぎり、そうとしかいいようがないわけだ。

が、しかし、ことの本質はそう簡単ではない。たとえば、次のふたつのケースを比較してみよう。まんが雑誌の編集会議を想像してもらってもよい。＊＊号をどういう構成にしようか、という議論。目玉の作品はなんにしようか、なにか新しい企画はないか、というときに……、

①A先生は今、こういうものを書いています。B先生はこういう構想をもっています、C先生はD先生は……では、C先生のものがおもしろそうだから、それを巻頭にして……。

②いま、読者に人気のあるのはどんな話かな？　ラブストーリーか、ファンタジーか……では、どうもホラーがいけそうだからホラーを目玉にして、さて、誰に書かそうか？

さて、この①と②、どちらが「正しい」企画会議のありかただろうか？

編集者と作家は対等だ

これまでの文脈に沿って言えば、①が『フレンド』型、②が『なかよし』型、ということになる。おそらく大方の人は「企画会議」という以上、やはり②のようなかたちであるべきだと、思うのではないだろうか。実際、私自身、フレンドに異動して先に述べたような違和感を覚えたというのもそこに由来しているし、いまでも基本的にはその考えにまちがいはないとも思っている。

が、ことはそう簡単ではないと言ったのは、そこから生じる作品が必ずしもおもしろいものであるとはかぎらないためである。それは、ヒット作品なんてしょせん「水物」だから、というような次元の問題ではない。けっきょくは「編集者」と「作家」がどう向き合っているか、ということにかかわることなのだ。言い換えれば、①のような「ゆるい」企画会議をしようとも、編集者が作家にしっかりと向き合っていれば、当然よい作品は生まれてくるものなのだ（もちろん、ただただ作家の力量だけでいい作品ができるケースもままあるのだが）。

先に、私が最終的にたどり着いた結論は「どちらが偉いということもない」だった、と書いた。それはつまり「編集者と作家は対等だ」ということである。

「対等」とはどういうことか？　作家と編集者が対等にわたりあうとはどういうことか？

編集者のスタート時点で、最初に私が悩んだのが「編集者とまんが家はどちらが偉いのか？」という問題だったといったが、じつはその結論＝どちらが偉いということもない、にたどり着いた挙句、その後編集の仕事を続けながらたえず抱いてきたのが、この「作家と編集者が対等にわたりあうとはどういうことか？」というテーマだった。これは、いまでもなお、考えつづけている問題といってよい。

私は今回この文章で、入社以来四十年ほどを過ごした編集者の仕事について、なるべく自分の具体的な経験に沿って書き進めていこうと思っているが、おそらくそのさまざまな場面で、この「対等とはどういうことか」という問題が顔を出してくるにちがいない。

最初に突きあたった問題は図らずも最後まで考えつづける問題につながっていたというわけである。

3　まんがの作りかたがわからなかった！

異動を命ぜられてハタと困った！

私が配属になった『なかよし』が、編集長を入れて九人のメンバーで、まんがから記事、口絵、付録までをこなす月刊誌であるということはすでに述べた。また、私の主たる担当が「なかよしジョッキー」というはなはだ面倒くさい十六ページの記事ページだった、ということも。こうした仕事の具体的な中身の話になると本題からそれてしまうので、これ以上はふれないでおくが、ここで大事なことは、少人数の編集部だけに、記事もまんがも口絵もあらゆるジャンルを担当せざるをえなかったということである。

いうまでもなく、これらはおのおの技術的には異なるものだから、若いうちにそれをすべて経験できたことはたいへんいい勉強になったと私は思っている。その意味からも『なかよし』から編集者生活をスタートできたことは、私にとってはきわめてラッキーだったといっていいだろう。

が、しかし、二年半たって人事異動となり、『週刊少女フレンド』編集部へいくようにいわれたとき、私はハタと困ってしまった。そのころの『少女フレンド』は「週刊〜」と名前はついていたもののいわゆるオイルショックを機に月二回の刊行になっていたが、それでも『なかよし』よりは人数も多く、週刊誌体制の名残もあって、「まんが班」と「記事班」にわかれていた。会社の指示はその「まんが班」に行くようにというものだったのである。

まんが、記事、口絵というおのおの性質の違うものを同時にやらなくとも、これからはまんがだけに集中すればよい、それはたいへんありがたい話ではあったが、さて、残念ながら、そのとき、私がいちばん苦手に思っていたのがそのまんが作りだったのだ。異動を言い渡されて「ハタと困ってしまった」ゆえんである。

「おもしろさ」の基準

二年あまり『なかよし』で仕事をしてきて、まず「記事」についてはなにせメインが「ジョッキー」だったから、毎月かなりのエネルギーをさいて、それなりに手ごたえのようなものを感じることができていた。「口絵」も時々担当したがまあ、なんとかこなしてきた。いや、そういう言いかたをすれば「まんが」だってそれなりにこなしてきてはいたのだが（なんといっても「まんが」はいちばん作業的にはラクなのだ）どうにも自分のなかに「おもしろさ」の基準のようなものが見つけられなかった。

極端な言いかたをすれば、まんが作品（あるいはアイディア、プロット、コンテなど）が、いいんだか悪いんだか、よくわからなかったのだ。

たとえば、まんがが家から新しい作品のネーム（この場合はコマ割りし簡単な絵を入れたラフコンテ。書きかたは人さまざまで、ものすごく簡単に書く人もいればほとんど下絵のように絵を入れる人もいる。このころ私が担当していたまんが家には後者のほうが多かった）を見せられても、おもしろいんだかおもしろくないんだかよくわからない。いや、正確にいえば、当時の感情はこうだ……。

「おもしろいかおもしろくないかといったら、そりゃおもしろくはない。とはいえ、これをどう直せばおもしろくなるというのだ？　とくに破綻があるわけでもないし、いいっていえばいいんじゃないの？」

ひとつには私自身がまんが世代ではないし（私の世代ではまんがは小学生くらいで卒業し一般の文学作品に移行する、というのが一般的だった）まして少女まんがなど読んだこともなかった、という事情もあったかもしれない。要するにどこをどう指摘すれば「おもしろく」なるかという「方法論」が身についていなかったのである。

「持ち込み」原稿

話は少し横道にそれるが、まんが編集部に配属になった新入社員が共通に体験するのは「持ち込み」原稿の対応である。まんが家志望者が原稿を見てください、と電話をしてくる。たいていの編集部は昼間あまり人がいないから、自然電話をとるのは早くから出社している新人ということになる（あるいは先輩がとっても面倒だから「お前見てやれや」てなことになる）。どこにすばらしい才能が埋もれているかわからない、持ち込みの対応はあだやおろそかにはできないのである。

が、私も何度か経験したが、正直これは困ってしまう。それこそなんと言ってあげたらいいのかわからないのだ。

デビューもしていない新人の原稿である。なかには初めて描いた、なんてものもある。おもしろいはずがない（「進撃の巨人」のような例外もないことはないが）。

ただの友だちとか知り合いなら「うーん、あんまりおもしろくないんじゃない」とか「いいんじゃないの」とか、適当なことをいっていればいいかもしれないが、いやしくもこちらは「編集者」。勇気を振り絞って電話をし、わざわざ会社まで訪ねてきた先方が期待しているのもそんなただの感想ではあるまい。評価もさることながら、どうしたらデビューできるのか、どうしたらもっとうまく描けるのか、見こみはあるのかどうか……といったところではないだろうか。少なくとも私はそう思った。それにはきちんと応えてあげるべきである、と。

ところが、残念ながらついこの間まで学生をやっていた人間に効果的なアドバイスなどできるわけもない。で、原稿を間に挟んで恐ろしい時間が流れていくわけである。もちろん、先方はこちらが新入社員だなどと知る由もない。こちらも「すみません新入社員なのでよくわかりません」というわけにもいかない。

「うーん、一生懸命描いているけどねえ……」

「もうちょっと丁寧に描いたほうがいいですよ」

などなど、適当なことをいって、どれだけごまかしてきたことか（あるときなど、どうにも言うことがなくて「ベタがはみ出してますね」って、そんなことどーでもいいっつーの！）。

こうした新人（持ち込み）への対応についてはいろいろな考えかたがあることだろう。私は少年まんが誌の編集者から「十年早いよ。十年たったらまたおいで」でいいんじゃないの、といわれたことがある（もちろんこれは極論だろうが）。実際、効率論からいったら、どっちにしても掲載の見こみのない作家の原稿に貴重な時間を割くことの可否には議論もあるだろう。が、しかし、私はやはり、どんな「ハシボウ」（箸にも棒にもかからない、を略してそう呼んだものである）でも、それなりのリスペクトをもって対すべきだと思う。私自身が、かつて「書く」側にいたせいもあるのかもしれないが、どんな拙い作品でも書き手にとってはかけがえのない作品なのであって、それをまず認めることからしか、なにごとも始まらないと思うのだ。

「まんがスクール」担当に

話をもとに戻そう。そんな状態での人事異動。まんが班でしかも「まんがスクール」を担当せよ、との仰せである。

「まんがスクール」なるものについても少し説明が必要だろう。「スクール」という名前のとおり、まんが家養成のための誌上学校で、毎月まんが家志望者から原稿を募り、評価しランク付けをして発表するもの。「まんがスクール」とか「まんがセミナー」とか呼びかたはいろいろだが、少女まんが誌ではどこの雑誌でも必ず設けられていた。もちろん『なかよし』にも同様のものがあり、私の二年先輩がじつに丁寧な指導をしていた。

さて、それにしても困った。持ち込み原稿にさえ四苦八苦している人間が毎月応募原稿を読んで評価しランク付けをする、そんなことができるものか？　しかもその当時フレンドの「まんがスクール」は応募数も少なく、いい新人もデビューしていなかった。いわば大改革が必要な時期だったのである。

このとき私が考えたのはふたつのことである。ひとつはそもそも「まんが」というものがどういう風に成り立っているものか、ということ。もうひとつはきわめて実務的な意味で「まんがスクール」そのものをどう運営していくか、ということ、のふたつである。

まず、前者からいえば、「まんが」の構造というか、「まんが」がなにからできているかということがわからなければ批評のしようがない、ということだ。

まんがはなにからできているか？　「絵」と「ストーリー」である。実際どの雑誌の「まんがスクール」も作品を「絵」と「話」にわけて評価しているのがほとんどだ。が、私はどうもそれだけでは釈然としなかった。「絵」がいくらうまくてもつまらない作品がある。「ストーリー」

がいくら波乱万丈でも、つまらない作品がある。逆におよそたいしたことのないストーリーでも「おもしろい」作品がある。それはなぜか？

このとき私が参考にしたのは映画やテレビドラマの世界だった。映画は嫌いではなかったし、テレビドラマでいえば、ちょうど佐々木守、今野勉、倉本聰などという才能に学生時代から惹かれていたということもあったかもしれない。いずれにしても、映画やドラマができあがっていく過程と照らし合わせることによって、ずいぶん視界が開けた、という気がした。

四つのポイント

本書はまんがの書きかた講座ではないので、詳述は避けるが、プロットがあり、それをシナリオに起こし、監督が演出し、役者がそれを演じ、撮影される……この一連の流れがまんが作りの過程とどう対応するのか、それを考えることによって、そのとき大切なことがなんなのかがよく見えてくるのである。

どんなおもしろい①プロット（あらすじ）でも、それがよい②シナリオに起こされ、的確な場面に割られ、③すぐれた役者によって演じられ、④それが美しく撮影されよい映像となって、初めていい作品と呼べるのである。

これまでの「絵」と「話」が①と④にあたるとすれば、それをつなぐものとしての②や③がある意味ではより大事な要素になってくる。それはいわば「ネーム力」（演出力）とでもいうべきものであって、私はこのポイントを見つけることで、ずいぶんまんがの見かたが変わったと思っている（なお、③についてはキャラクターの魅力とかもちろん絵の巧拙もかかわってくるが話が複雑になってしまうのでここではあえてこれ以上は踏みこまない）。

また、これはいうまでもないことだろうが、（まんが）編集者はそれぞれ自分独自の「方法論」のようなものをもっているもので、これはただ私が個人的にたどり着いたもの、にすぎない。これが「絶対真理」という意味でいっているわけではないことはご承知おきいただきたい。

実際、のちにいわゆる「まんが世代」が入社してくるようになると、明らかに彼らとはまんがの読みかたがちがっているのがわかり（端的にいえばその読むスピードの圧倒的なちがい！）、私のような思考方法は「まんが」をいわば「活字」に置き換えて考えているようなところもあって、はたしてこれでいいのかと自問自答したこともしばしばである。

ただ、いつだったか、大和和紀さんと話をしていて、彼女たちいわば少女まんがのフロンティアといってもいい世代（いわゆる24年組）がいかに先行するメディア（小説や映画）と格闘しながらまんがを作ってきたか、ということをきいて、胸打たれたことがある。

その格闘があってこそ彼女たちの名作があったということなのだろう。まんががまんがだけで「自足」してしまってはいけないということであって（これもずいぶん後になっての話だが、まんがしか読んでいない書き手の作品がいかにやせ衰えているかという話はずいぶんいろいろな人からきかされた。なかでもいちばんびっくりしたのは、安野モヨコさんから最近の若い子はまんがすら読めない、ときかされたことである）「まんが」を「活字」と対比させながら考えていくことは必ずしも否定されることではないと思っているが。

真似とこだわり

次に後者の問題。

投稿作品の批評・評価については手がかりをつかんだものの、「スクールの運営」はまた別の問題である。投稿原稿をどう整理し、投稿者にどう対応していくか……、一ヵ月のうちのいつごろになにをどうやればいいのかなどなど、実際に誌面（当該のページ）を作らなくてはいけないわけだからやるべきことはきりがない。

で、どうしたか。これはもうしかたがない、『なかよし』の先輩のやりかたを徹底的に真似した。本来ならばフレンドのほうの前担当者から引き継げばよいのだろうが、先にも少し触れたとおり、応募数も少なく、調べてみたら何年も前の応募原稿が返却しないままロッカーに埋もれているような状態で、残念ながら参考にしたくてもできなかったという事情もあった。いずれにしても、よくいわれることだが、仕事の真似は恥ずかしいことではない、これと思った人のやりかたは徹底的に盗んでいいのである（私はそれこそ深夜誰もいなくなった『なかよし』編集部に行って、先輩の書いている応募原稿の批評のしかたを文字どおり盗み読みしたものだ）。

さて、まんがスクールの運営はある意味特殊なものなので、あまりこまごまとしたことを書いても意味がない。ここではひとつのことだけ書いておきたい。それはどう投稿者と対峙するか、ということである。

私がこだわったのは、一対一の関係ということだった。たとえば一月に三十本の応募原稿があるとしよう。そのとき、まんがスクール担当者である私と投稿者の関係は一対三十だろうか？

否、である。持ち込み原稿について述べたところでも書いたとおり、投稿者一人ひとりにとっては、おのおのかけがえのない応募原稿であり、彼ら（実際にはほとんどが彼女ら）は、みな、「自分の原稿」を編集者に読んでもらいたいと思って投稿してくるのである。形のうえではいわば「一括処理」をせざるをえなくても、気持ちとしては一人ひとり個々の投稿者と正面から向きあうべきだ、と私は考えた。

したがって、応募原稿を返却しないなどというのは論外。必ず批評・感想をつけて返送するのを原則とした（もっとも、物理的な事務作業量の問題もあり、またレベルによってはある程度決まった言いかたになってしまうので、定型の文書を作っていたのも事実。ただ、その場合もできるだけ簡単なメモを添えることにした）。担当になった時点でたまっていた数ヵ月あるいは一年あるいはもっと以前の原稿もフリーのスタッフに手伝ってもらって、すべて返却した。

いわば私は投稿者の一人ひとりと直接会って話をしたい気持ちだった。だから、なるべく手紙を書いた。直接（原稿を）もってきたいといえばできるだけ受けた。同人誌が送られてくることもあり、本来ならば同人誌は対象外なのだが、それにもできるだけ応えた。結果毎月手書きコピーの「まんがスクール通信」なるものを作り投稿者のリストをもとに送りつづけた（いまの時代からは考えられないだろうが、当時はまだ電子メールはおろかワープロさえない時代である）。

ムキになって

私はムキになっていた。最盛期（？）は、担当のプロのまんが家の打ちあわせと持ち込みなどデビュー前の新人との打ちあわせが昼間ほとんど一時間から一時間半ごとに入っていて、自分のデスクワークができるのは夜になってから、というような状態がふつうだった。

それは私がまだまだよく「まんが」がわからない、ということの裏返しでもあった。

当時の少女まんが界を概観すれば、まず集英社（『りぼん』、『別冊マーガレット』）の独擅場、講談社、小学館はその後塵を拝していた、というところだが、小学館が萩尾望都、武宮恵子、といったいわゆるマニアに強い作家を擁していたのにたいして、講談社は大衆路線というか、「一般受け」する「ラブコメ」ものが中心で、その割には部数に結びつかないというようなところがあった。まして投稿者のあいだでは「作家性」の強いものは講談社では受け入れられないというような意識が強く、簡単に言ってしまえばすこぶる評判が悪かった。

なぜそうなのか、そうなってしまうのか、彼らはなにを考えてまんがを描いているのか……

それは、およそおもしろいとは思えない、通りいっぺんの「恋愛まんが」がアンケートで人気をとってしまうという現実に承服しかねるものを感じていた私にとってはなにより知りたいところだったのである。

投稿者（＝まんが家志望者）が講談社より集英社、小学館を選ぶならそれはそれでかまわない、が、それはなぜなのか、講談社のどこに魅力がないのか、小学館、集英社のどこが魅力的なのか、いや、そもそもあなたたちはなぜまんがを描くのか、なにが描きたいのか……そんなことを一人ひとりと直接話したい気持ちだった。（その流れから「移動まんが教室」というのを始めたのもこのころだった。当時確か『別マ』（＝『別冊マーガレット』）が誌上だけでなく夏休みなどに実際に投稿者を一ヵ所に集めて「まんが教室」を開催したことがあり、それをヒントにこちらから地方都市に出かけていって「まんが講座」を開いたものだ。大阪、神戸、札幌、といった大都市はもとより、いちばん多い年はほとんどすべての都道府県で開いたこともある。いまならなんと非効率な、と一蹴されそうな企画だが、新人の発掘は「砂のなかから金を探し出すようなもの」といって押し通した。（好きなようにやらせてくれた当時の上司にただただ感謝するのみである）。

さて、その結果は？

さて、その結果、わが新生「まんがスクール」は次々とすぐれた新人作家を輩出したのだろうか？

残念ながら答えは「否」である。確かに、投稿者とのあいだには一定の信頼関係はでき、応募数も少しずつ増えはじめたとはいえ、世のなか、なかなかそう甘いものではない。

当時投稿時代からデビュー後も長く担当したまんが家で、いまなお仕事を続けられている方は何人かいるし、年賀状のやりとりが続いている方もいて、感慨深いものもあるが、それでもやはり、これはけっして言いわけではなく、新人を育てることはそうたやすいことではないのである。

いや、そもそもひとりの作家（まんが家）が世に出ていくことに編集者が介在できる余地などたかが知れているといってもいい。「自分のおかげであの作家はデビューできた」などとおこがましいことは口が裂けてもいってはならないのだ。作家のデビューには運不運もあるだろうし、得も言われぬ「天の配剤」のようなものさえあるようにも思えるが、それでもすぐれた才能は必ずどこかで芽を出す。それは私の経験による確信のようなものでもある。

私がここで言いたいことは、まんがスクールを担当することによってまんが家（作家）との基本的な向き合いかたを学んだ、ということ、そして、やはり新人作家と仕事をすることはおもしろい、ということにつきる。その面白さについては次章で語ろう。

第二章

＊

仕事がおもしろくなってきたころ

1　新人を育てるおもしろさ——吉田まゆみさんの場合

お互いまだ二十代

前章の終わりに「○○は私が育てました」的なことを言ってはならないと書いた。またデビューに際しては運不運のようなもの、「天の配剤」のようなものもある、とも書いた。そのあたりの複雑微妙なことに関しては、のちにまた触れることもあると思うが、ひとつ確かなことは新人（若い）作家を担当することの楽しさ、また、その作家が伸びていくことに伴走できることとの喜び、である。わたしにとってそれが吉田まゆみさんとの仕事であった。

吉田まゆみさんといっても、いまではご存じない方も多いかもしれないが、一時期は「年下のあンちくしょう」「れもん白書」などの作品（いずれも『m・i・m・i』）で一世を風靡したまんが家である。そのため『m・i・m・i』の作家と思われがちだが、デビューは『少女フレンド』で（一九七三年）、私が吉田さんの担当になったのは確か一九七五年。お互いまだ二十代でちょうど彼女が増刊号に載せる四十ページの作品の準備中に引き継いだ記憶がある。

ページ数に意味あり

これは、いわば「業界」独特の決まりごと（すくなくとも私が仕事をしていた時代の）なので、説明の必要があるが、「増刊号に四十ページ」ということは、そのまんが家が一新人から次の段階に進もうとしていることを意味する。

というのも、雑誌は一定のページ数をひとまとまりとしたもの（「折」とよぶ）をいくつかまとめて束ねてあるのだが、その一単位が通常三十二ページ。したがって新人に描かせる場合、その三十二というページ数（あるいは最後の一ページを予告などに充てるため三十一）で描かせるのが一般的なのである。つまり、その枚数であればいつどこにでもあてはめやすい、というわけだ。

最初のうちは掲載号が決まらないまま三十二（または三十一）枚の作品を描き、まずは増刊号の都合のついたときに掲載、その出来や人気をみながら、いけそうならば次は増刊号で少し長めのもの（たいていは四十枚）をやらせてみる、さらに調子がよければ三十二（三十一）枚でも本誌に……と、ざっとこんなプロセスをたどっていく。結果、おのおのの場面で実績をあげていけばやがて本誌の長編とか、巻頭の読み切りとか、連載とか進んでいくわけだが、もちろん、途中でそのまま消えていくという作家も珍しくはない。

と、いうわけでこのときの吉田まゆみさんはちょうど初の増刊四十ページ（しかも確か二色ページがついていた）、それなりに期待される新人だったのである。

作家が「伸びる」とはどういうことか――

ところで、作家（まんが家）が「伸びる」とはどういうことをいうのだろう？　あるいはどういうときに「伸びる」のだろうか？

おそらく、それは作家（まんが家）が自分の「書く場所」を見つけたときではないか、と私は思う。なにもここで「なぜ書くか」というような小むずかしい議論をしようというのではない。べつに「純文学」作家でなくとも、人がなにか物を書こうというかぎり、そこにはそれなりの理由や思いがあるはずで、それがその人の「書く場所」なのだが、しかし往々にしてみずからその場所に気づかないまま書いている作家が意外と多いのである。

「ポニーテールと親子丼」が収録されたKC　吉田まゆみ 講談社

話を吉田まゆみさんに戻そう。先に、私が引き継いだ時、彼女は増刊用の四十枚の作品を準備中だったと書いたが、それは「外国もの」だった。別に外国が舞台だったから、というわけではないが、私にはあまりおもしろくなかった。とくにどこかひどい破綻があるわけでもなく、それなりによくまとまっていたと思うが（そのくらいの力は、もちろんある作家だった）、要するに「ピンとこなかった」わけである。おそらく、そのことと「書く場所」の問題はどこかでつながっているように思う。

その彼女にいわゆる「手ごたえ」のようなものを感じたのは本誌に描いた「ポニーテールと親子丼」という三十一枚の作品だった。既に本誌でも連作などに挑戦し、その力のつき方には目をみはるものがありながら、いわゆるアンケート的な「人気」という意味では、いま一つはねなかった時期だったように思う。

タイトルからもわかるとおり、別段むずかしいテーマに取り組んだわけでも、目新しい設定に挑んだわけでもない。いわばありふれた「ラブストーリー」である。が、そこには確かな生活感と、生き生きとしたキャラクターの楽しさがあった。私はいまでも校了紙を読み終わったときの充実した感覚をよく覚えている。

実際、この作品は評判がよく、他誌の編集者からほめられたりもしたし、同じキャラクターで連作、連載と、フレンドのなかでの吉田さんの地位を確実なものにしていった。

ただ、言えることは――

では、この作品のために私（＝担当編集者）がしたことはなんだったろうか？　この章のテーマは「新人の育成」である。新人が「一皮むけて」ジャンプしていくために、担当者はなにをすればいいのだろうか？　なにをすべきなのだろうか？

当時のことをふりかえって、なにか特別なことをしたという記憶は私にはない。どんなものを描けば人気がでるだろうかと、「市場調査」をした覚えもなければ、過去の彼女の作品の「分析」をした記憶もない。

ただ、言えることはずいぶんと長い時間を彼女と共有したということだけである。言い換えればよくいっしょに「遊んだ」。お酒を飲みにも行ったし、コンサートにもいった。しかし、それらはあえていえば「作品作り」とは、まったく無関係なものだった。私たちはただ、自分の好きな歌の話をし、映画やテレビドラマの話をしただけだ。

あるいはこう言い換えてもいいかもしれない。なにかのために（たとえば新しい作品を作るために必要だから）する「会話」から生まれるものなどたかが知れているのだと。

作家と編集者は点と点でつながるものではない。点ではなく面で、つまりは全人格と全人格がぶつかりあって、初めてなにかが生まれてくるものだ。その生まれた「なにものか」を「作品」とすれば、それはいうなれば「氷山の一角」、それを支える膨大な「見えない氷の塊」があって、はじめて力をもちうるものなのである。

ムダの効用

かつて、編集の大先輩からこんな話をきいたことがある。その先輩は「学芸・学術」分野の編集者だったが、いわゆる京都学派といわれる知識人たちとの打ちあわせに京都へ出向くと、昔は必ず夜は祇園の宴席になった、という。そこではなんの具体的な企画の話が出るわけでもなく文字どおり「遊び」の席なのだが、後々それが新しい企画のよい栄養となり、ヒントになった。なにより編集者のよい勉強の場であった、と。

しかし、新幹線ができ、京都出張は日帰りがあたりまえ、となるとしだいにそんな「よき習慣」はなくなり、それとともに編集者も企画も「痩せて」きてしまった、と。

確かに、祇園で飲むために京都へ一泊出張するのは「ムダ」なのである。吉田まゆみさんと私が作品と直接関係のないコンサートへ行ったり、酒を飲んでは他愛のない話をしていたのも「ムダ」なのである。

が、しかし、私の考えでは「出版」という営為はいわば「ムダ」のかたまりである。もし、「ムダ」という言葉で「編集者の仕事」を切っていったら、ほとんどのことがしなくてよいことになってしまうだろう。

バブルが崩壊し、日本経済の先行きはいっこうに明るくならない。まして出版は「斜陽産業」とまで言われている。営利企業である以上、出版社とて「経費節減」につとめ、収益をあげていかなければならないのは当然だ。が、そのとき、いわゆる「効率」だけに目がいって、出版という営為に「必要なムダ」まで削ってしまおうとするなら、出版社は元も子も失ってしまうだろう。

出版と効率、編集（者）とムダ……このやっかいな問題についてはこれからも触れることがあると思う。ここではあえて、「新人は壮大なムダのなかから生まれてくる」とだけ言っておこうか。

「打ちあわせ」のやりかたについて

なお、いい機会なので、「打ちあわせ」のやりかたについてのごく一般的な私の考えをここで述べておきたい。同じ作家にたいしても、その時期（作家のいる段階、状況）によって、その対応のしかたは異なってくる、というのが私の基本的な考えかたである。

ボクシングに例えれば、インファイト（接近戦）にもちこむか、距離をとってアウトボクシングをするか、その判断がきわめて大切になってくる。私が編集者に大切なことは、と尋ねられると、「距離感」だと答えることがあるのもそのためである。

具体的にいおう。ある作家を担当することになった場合、まず、最初のうちはプロットやネームをみても、あまりとやかく言わない（直しもあまり入れない）、いわば「馬なり」でいく。しばらくこれをやるとその作家の弱点というか、問題点が視えてくる。ストーリーを作る力が弱いのか、あるいはキャラクターに問題があるのか……。

その問題点が視えてくると、次はそれを克服するためにかなり細かくチェックを入れ、ダメ出しをくりかえす。いわゆる「たたく」わけである。そうして力がつき、ひとつ上のステップに行けたと思えたら、そこでまた少し手綱をゆるめる……と、そんな具合である。

作家には好きなようにやらせたほうが伸びるときと、細かく問題点を注意したほうが伸びる時期がある。人によるタイプのちがい（それもないとはいわないが）というより、同じ作家でもその成長の時期によってちがうというのが私の意見であり、実感である。

こう書くと、いかにも「上から目線」で、編集者がすべて作家をコントロールしているように聞こえるかもしれないが、誤解のないようにことわっておくと、あくまでこれはひとつの「典型」としての言いかた、編集者が作家の力量をどう判断し、どう対処していくか、という側面にかぎってのことである。

実際の作家と編集者の関係はもっと混沌としたものだし、すでに述べてきたようにフィフティ・フィフティのものでもある。

いや、むしろ作家から教えられることもあるのだということは、次の章でもふれることになるだろう。

2 嫌いな作家の担当になったとき——大和和紀さんの場合

「しんどい」作家

少女まんがの編集者生活のなかで記憶に残るまんが家は？　と尋ねられたら、前章で述べた吉田まゆみさんとならんで、ためらうことなく名前をあげられるのが大和和紀さんである。大和さんとは、いまもおつきあいいただいているし、私が掛け値なしに尊敬するまんが家でもある。その大和さんをつかまえて、「嫌いな作家」とは穏やかではないが、事情を説明すればこういうことである。

私が大和さんの担当になったのは一九八〇年。大和さんの大ヒット作「はいからさんが通る」は一九七五年に連載がスタートした作品（一九七七年完結）だから、もうすでにその時点で「大人気作家」、いわば前章の吉田さんとは対照的に「できあがった」作家だったといえる。

先に私は「新人が伸びていくのに立ち会えるのは編集者の喜び」と書いたが、それに比べれば、「できあがった作家」を担当することは、かなり「しんどい」こととといえる。なぜか。

第一にヒット作品を描いた、ということは、それだけの実力の持主だ、ということ。つまりいい作品を描いてあたりまえ、担当者としてはヒットを打てないと「なにをしているんだ」ということになるわけである。

第二に、「人気作家」ということはいうまでもなく編集部にとっては「大事な作家」ということ、言い換えれば「大事にしなければいけない作家」、要するに失礼があってはならないのである。担当者としては気を遣わざるをえない、というわけである。

「担当」問題

ここで、少し話は横道にそれるが、担当作家がどう決まるか、ということについて書いておこう。

簡単にいってしまえば、担当を決めるのは雑誌でいえば編集長、書籍でいえば出版部長のいわば「専権事項」である。新しい編集長（部長）はまず担当の見なおしをする。どの作家に誰を担当につければよりよい結果をだせるか、言い換えればいまの作家と担当者はほんとうにうまくいっているのか……これらを見きわめられるかどうかが編集長（部長）に要求される力量であり、ひいてはどういうカラーの雑誌（部）にしたいのかということにもかかわってくる大きなポイントでもある。

とはいえ、そう頻繁に担当をいじっていては落ち着いて仕事ができない。ちょっと調子が悪いからといってすぐ担当者を代えられてしまっては作家のほうだってたまったものではない。

加えて人事異動というものがある。編集長（部長）が好むと好まざるとにかかわらず、ある編集者が異動で他の部署に行ってしまえば、いやでもその手当てをしなくてはならない。たとえ、作家とすごく良好な関係を保っていたとしても、である。

と、いうわけで、だいたいは年に一度（程度）の人事異動を機に担当を見なおす、というのが通例。そこに加えて、やれもうこの作家とはやっていられないだの、こんなひどい担当者はいないから代えてほしいだのという注文もないわけではないから、まことにもって「担当」問題とはやっかいなものなのである（私がいた会社はいわゆる総合出版社で、人事異動もかなり頻繁にあったから、よく作家からは「あなたのところはようやく慣れたと思うとすぐ担当者が代わってしまっていい仕事ができない」といわれたものである。専門出版社の場合はあまりそういうことはなく、気心の知れた担当者がじっくりと作家とつきあい、いい作品を産み出していくということがあり、それは傍からみていてもうらやましかった。もっとも、それはそれで新しい刺激がない、というような別の悩みもあったようではあるが）。

なお、脱線ついでに付け加えておくと、一般的に新入社員のような場合、ベテラン作家（それこそできあがった作家）の担当にする場合が多い。よくわかった作家にいろいろ教えてもらおうというわけである。

「違和感」をどう伝えるか

さて、大和和紀さんの話である。

先にも書いたように彼女はすでに「ベストセラー作家」、といってこちらもいちおうは入社七年目、いつまでも新人といっていられるキャリアではない。

確か、私の記憶ではこのときの担当替えはイレギュラーなものだったが、そこには「はいからさん〜」以後、なかなか次のヒット作が出ないという編集部（長）のいらだちがあったように思える。

「はいからさんが通る」というあれだけのベストセラー作品を描いているのだから、なにもそんなに欲張らなくてもいいようなものだし、実際、経験的にいってもひとりの作家がそう何本もベストセラーを生み出せるわけはないのだが、そこはそれ、まことに編集長などというものは欲深いものなのである（ついでに言えば、だからこそ複数のヒット作をもつ大和和紀という作家のすごさがわかろうというものである）。

ただ、欲張りかどうかはともかくとして「はいからさん〜」以後の大和さんの作品に違和感をもっていたのは私も同様だった。冒頭の「嫌い」ということにつながっていくことなのだが、（路線を変えようという意図はわかるにしても）どの作品も納得のいくものではなかった。

吉田さんの章で述べたような意味で「書く場所が見えていない」というわけではないのだが、

（それこそ新人ではないのだから）それでも、作者と作品とのあいだにある種の「ずれ」のようなものを感じていたし、このままではけっして作品は力をもたないだろうと思っていた。

さて、問題はこれからである。その自分の「違和感」をどう伝え、どう作品に結びつけていくか……。しかも、時間は待ってくれない。一年後くらいに新連載を起こす、ということはいわば既定の路線だったし、それまでの間も休んでいていいわけではないのである（もっとも、一般的にいっても、いきなり連載を起こすなんてことはかなりハードルが高いので、その前に読み切りや連作といったかたちでようすを見ていくというのはセオリーのようなものだが）。しかも、これまで述べてきたような事情から、その連載を成功させることが私の「ミッション」でもあった。この担当替えをなかなか「しんどい」といったゆえんでもある。

まず、原則論からいえば、編集者は自分の思いを率直に作家に伝えるべきである。「つまらない」と感じたら、その感想は相手に伝える必要があるし、「こうしたほうがいい」と思ったら、やはりその考えは聞いてもらうべきである。

が、いうまでもなく、ものは言いよう。「率直」と「無礼」はちがうのである。

私はよく、若い編集者が「大先生につまらないなんて言えませんよ」というと、「遠慮することはない、感じたことはきちんと言いなさい」と言ってきたが、それは当然、「相手が聞いてくれるようなかたち」で「伝える」ということであって、いきなり「これつまらないですよ」ということではないのである。ときどきそれを勘ちがいして作家を激怒させてしまう編集者がいるのは困ったことなのだが。

手を抜かない

では、私はどうしたか？

編集者は批評家ではないから、私はあなたの作品をこれこれこういう風に分析し、こう考えていますと、論評してから仕事をするわけにはいかない。まして前述したとおり、「時間は待ってくれない」のだ。文字どおり走りながら考えることが要求されてくる。

私が心がけたことは単純だ。ともかく「信頼してもらおう」というそれだけである。この担当者は自分と本気で仕事をしようとしている、この編集者のいうことなら耳を傾けてもいい、そう思ってもらえるようになろうと……。先に書いた「相手が聞いてくれるようなかたち」というのは「表現」だけの問題ではない。心理的な側面も意味するのである。

どうすれば信頼してもらえるか。ひとつはキチンと正面から向きあい、逃げないことである。注文、リクエストがあったらすぐ応えること。なにも無理難題をすべて聞け、ということではない。ただ、後まわしにしたりごまかしたりしてはいけない。すなわちウソをつかないことである。その意味ではやはり自分の意見は正直に述べた（もちろん細心の気を遣いながら）。

そして、なによりどんな小さなことでも手を抜かないことである。いささか自慢めいて恐縮だが、私はわずか五十字にも満たないような予告のリードも、かなり気合いを入れて書いたし、あるとき、大和さんから「このリード誰が書いたの（‖うまいわね）」といわれたときは力を入れたかいがあったと内心喜んだものである。

「手を抜かない」ということは言い換えれば「やれることはすべてやる」ということである。先にも述べたように、大和和紀担当としての私のミッションは「新連載を成功させること」だったから、当然その準備のためにも私はできることはすべてやろうと思ったし、また、連載がスタートしてからも、もちろんそのスタンスは変えなかった。

もつべきは友

「ヨコハマ物語」大和和紀 講談社

この連載（「ヨコハマ物語」）の成立経過等について語りはじめると、新たに一章を加えなくてはならなくなるくらいなので細部は省略するが、たとえば横浜市役所に勤務していた友人に頼んで（明治、開港時代の横浜の話のため）、市に保管されている史料をずいぶん見せてもらったし、某テレビ局の友人に頼みこんで貴重な当時の記録映像なども見せてもらった。取材ももちろんあちこちに行った。外交史料館へ日本初のパスポートを見に行ったこともある（さすがに、主人公たちが動きまわる地域が、いったいどうなっていたのかが知りたくて、当時の地図を打ちあわせ中の居酒屋のテーブルに広げたときは大和さんに苦笑されたが）。

そこまでやる必要があるのか、そんなことをしてなんの意味があるのか、という声が聞こえなかったわけではない。しかし、私は（まんがスクールのときと同じように）「ムキになっていた」し、なにより、「作品」は「氷山の一角」にすぎない、それを支える膨大な「見えない氷の塊」があって、はじめて力をもちうるものなのだ、という確信があった。

ここでついでにふれておくと、友人、知人の大切さ、である。先にふれた横浜市役所の友人（彼にはほんとうに助けられた）は中学時代からの親友だったし、当時の船の資料を見せてくれた大手船舶会社の友人は高校時代の、テレビ局勤務の友人は大学時代からのつきあいである。

いずれも別に仕事のためにつきあっていたわけではない。むしろ「なにかの役に立ちそうだ」などといわゆる「業界」の人間とつきあっていてもたいした「成果」など得られるものではないが、思いがけない時に思いがけない人が力になってくれるもの。いや、実際、ふだんからなんの利害関係も損得勘定もなしにつきあっているもののほうが信頼できるし親身になってくれるものなのである。

編集者が会社でゴロゴロしていると怒られる、とは昔からよく言われることだが、私は少女フレンド時代、当時の編集長からこんなことを言われたことがある。

「学校時代の友だちでもいいんだ。ときどき会って酒飲んで雑談して、取材費で落としたってかまわない。会社でゴロゴロしてたりひとりで酒飲んだりするよりよほど有益だよ」と。出版業が景気のよかった「古きよき時代」の話といってしまえばそれまでだが、しかし、ここには出版とか編集とかいうものがもっている本質的な一面をとらえた「なにか」が確かにあると思う。

いささか長くなってしまった。あとふたつ書き加えてこの章を終わろう。

「そうなのよねえ」

ひとつは「嫌い」のその後である。さいわい作家との関係は良好で、連載も好評だったが、当初感じていた「違和感」(=「嫌い」の素)については完全に伝えきってはいなかった。いや、正確にいえば「嫌い」どころか作家としての「凄さ」を日々感じながら、しかし自分のなかでもその「違和感」を完全に払拭できていない、というなんとも複雑な思いであった。

あれは確か長野にサイン会で出張したときだったと思う。夕食時、酒を飲みながら、私は思いきってその「違和感」について話した。「嫌い」だったといったかどうか、ともかく担当するまで、あなたの作品はあまり好きではなかったんですよ、と「告白」し、それは作家と作品との「距離」の問題だ、というような面倒くさい話までした。

怒らせてしまうかな、と思わなかったわけではない。が、そのくらい突っこんだ話をしても聴いてもらえるくらいの信頼関係は作ってきたつもりだったし、だからこそというべきか、怒ったら怒ったでそれまでだ、と開きなおるような思いもあった。

結果は意外なものだった。怒るどころか、大和さんはじつにあっさりと「そうなのよねえ」と私の言うことを認め、そこをどう乗り越えていくかのむずかしさと自分なりの工夫を物静かに語ってくれた。

「負けた」と私は思った。小賢しい編集者の「分析」や「弱点」の指摘などはとうに見とおしたうえで、そのはるか先をこのすぐれた作家は視ていたのだ。

正味は三十分（？）

最後にもうひとつ。これは楽しい思い出、とでもいおうか。大和さんとの典型的な「打ちあわせ」について書いておきたい。連載が軌道に乗ってきてからの、いわゆるネーム（絵コンテ）の打ちあわせ、と思っていただいていい。

まず、打ちあわせの時間設定は夕方。四時半とか五時とかである。

都内某所の仕事場をたずね、お茶かコーヒーを飲みながらしばし雑談。社内、業界内の噂話から、最近見た映画や本の話、テレビの話、などなどまことにとりとめがない。これが四十〜五十分、場合によっては一時間近くにもなろうか。一区切りついたところで、では、と、おもむろにネームを見せてもらう。わかりにくいところを確認したり（大和さんのネームはほとんど絵が入らないので、ところによってはどういう画面になるかきく必要が出てくる）、感想・

意見を述べたりする。もとより力のある人、そんなに破綻があるわけではないが、場合によっては直しを入れる場合もある。（ついでにこの「直し」についてふれておくと、ふつうはなかなかこちらが思ったようには直ってこないものである。たまにこちらの希望どおりの「修正稿」ができると、それだけで「やった！」というような気持ちになるもの。ところが、大和さんの場合、こちらがこう直してほしいな、と思うところのはるか上をいくものができてくるのである。これにはたまげた。私が掛け値なしに彼女を「大作家」と思うゆえんである）

ともあれ、この打ちあわせはせいぜい三十分くらいか。では、と次の打ちあわせの段取りを決めると、どちらともなく「じゃあ、行きますか」と外出の支度になる。食事というか、早い話が飲みに出かけるのである。

当時、最寄りの駅の近くに小さいがおいしい魚を食べさせてくれる酒亭があり、たいていぶらぶらと歩いてそこに行った。二人とも酒は嫌いではないから（彼女はなかなか強い！）もっぱら日本酒を飲みながら、ここでも延々とおしゃべり。仕事の話のようなそうでないような……。で、二〜三時間も飲むと、こんどはタクシーをつかまえて千駄ヶ谷近辺のとあるバーへ（時折、和田誠さんがカウンターの隅っこで静かに飲んでいたりした）。お開きになるのはたいてい深夜。タクシーで大和さんを送り、自宅まで帰る、とざっとこんな案配であった。

さて、この夕方から始まった「打ちあわせ」のなかの、「純粋打ちあわせ」部分は、ネームを読んでやりとりした三十分ほどである。もし、いま、「効率」だの「ムダ」だのという言葉でこの「打ちあわせ」をフィルターにかけたら、他の部分はすべて切り捨てられてしまうだろう。

が、しかし、私はこの「ムダなおしゃべり」から計り知れないほど多くのものを学んだ。もっと言えば、この「ムダなおしゃべり」がなければ「ヨコハマ物語」はあそこまでの作品にはならなかったとさえ思っている。

これまでにも同じようなことを書いてきたから、これ以上はくりかえさないが、私たちの仕事（出版とか編集とか）は「生身の人間」のやること。あくまで「身体性」を失ってはならないのである。

後年、児童書の世界に移り、管理職的な立場になってから、私はさまざまなかたちで作家との「飲み会」を設定しては、若い編集者を巻きこんでいったが、それも、若い編集者が作家の「肉声」にふれることが、いかに大事なことかを知ってほしかったからである。直接会いもしないでメールだけで仕事をするなど、論外なのである。

3 他社の作家とつきあう――惣領冬実さんのことなど

まんが界独特の「系列」

ところで、まんがの世界には、雑誌（出版社）別の「系列」のようなものがある。

私の時代の少女まんがの世界でいうなら、里中満智子や大和和紀、庄司陽子などは講談社系の作家であり、池田理代子、一条ゆかりといえば集英社系、ということになる。

背景にあるのは、いわゆる「専属制度」。まんが家が特定の雑誌または出版社と専属契約を結んでいるケースが多いためだが（同じ出版社内でもちがう雑誌に描く場合はけっこう面倒だったりすることもある）、契約の有無ばかりではなく、デビュー前からかなり緊密に連絡をとって、新人を育てていくというシステム的な問題もあるといえよう。

もっとも、萩尾望都とか武宮恵子などは、小学館系のまんが家といってよいと思うが、デビューは必ずしも小学館の雑誌とはいえず（萩尾望都はなんと『なかよし』デビューだ！）むしろ、彼女たちの才能を開花させた小学館のY編集者の存在が大きいといえるだろうが。

いずれにしても、これは文芸や、私が後年かかわるようになった児童書の世界ではみられないもので、まんが界独特のものといっていいだろう。いわば、雑誌（あるいは編集部門）ごと、ひとつのファミリーというか「仲間内」みたいなところがあるわけで、そういえば、まんが家の人たちとの懇親旅行なんていうものもあったことを、いま思い出した。

そんなわけで、当然私が入社したころも同じような状況。むしろ当時の講談社ではマガジンよりフレンドやなかよしといった少女まんが誌のほうが専属制度も強かったように記憶しているから、こと「まんが」という意味では私自身、きわめて「閉ざされた」世界にいたことになる。

もっとも、といって、いわゆる「他社系」のまんが家との接点がまったくないかというとけっしてそんなことはなく、キャリアを積むにつれてそういった機会も増えてくる。ここではふたつほど私の経験を書いておこう。

知り合う機会

一般的にいって「他社系」のまんが家と知り合う機会にはいくつかのパターンがある。

ひとつは自社のまんが家の友だちが他社系、という場合。同じまんが家をめざしながら、ひとりは講談社からデビュー、ひとりは集英社から、ということはままあること。つまり、自分の担当しているまんが家から紹介してもらうわけだ。

もうひとつは自分が指導、面倒をみてきたまんが家志望者が結果的に他社からデビューしてしまう、というケース。私は前にもふれたように、まんがスクールを担当していたので、これは実際に何度か経験したことがある。

もちろん、具体的に標的を定めて、いわゆる「取りに行く」というケースもあるが、私の経験では意外と少ないのではないか。少なくとも私自身は編集長から「○○さんに描いてもらうよう交渉してこい」といわれたことは一度もない。それは、私の少女まんが経験が、『なかよし』、『少女フレンド』、『別冊フレンド』、という既成の雑誌にかぎられていて、新雑誌の創刊にかかわったことがないことにもよっている。

講談社でも『mimi』の創刊時には、美内すずえとか和田慎二とかの集英社系の人気作家を「取ってこい」という使命を帯びた編集者が実際にいたものだ。

余談になるが、私にはいまもときどき会って酒を酌み交わす白泉社OBの友人がいるが、彼と最初に知りあったのはいがらしゆみこ宅。当時『花とゆめ』編集部にいた彼は他社（講談社）系まんが家であるいがらし氏をそれこそ「取りに来ていた」わけである。『花とゆめ』も集英社からわかれた白泉社が創刊した新しい雑誌。講談社にかぎらず、どこからでも優秀な作家を集める必要があったということだろう。

ウンザリしていた私の眼には……――――

で、私がかかわった他社系のまんが家の話である。

念のためお断りしておくが、別段私はここで「他社系の作家とつきあうコツ」なんてものを語ろうというわけではない（そんなものあるわけがない）。ただ、自分の経験を語るなかで、「編集者の仕事」のなにごとかにふれるものが見えてくるかもしれない、と思うだけである。

まずはKさんのことから。先にあげた分類にしたがえば、パターン2にあたるものだ。

初めてKさんに会ったのは、まだ、彼女が高校生のころのことだったろうか。まんがスクールへの投稿者だが、原稿は郵送ではなくいわゆる「持ち込み」というやつで、場所は会社の応接室だった。（本人の意図とは別に「持ち込み」原稿はすべてまんがスクールの投稿作品として扱われるのが一般的）以後、彼女の住まいが都心だったこともあって、原稿はすべて直接会社にもってきてもらい、その場で見ていた。

正直にいえば、私は彼女にものすごい才能を感じていた、というわけではない。線も硬く、まだ書き慣れていないところもあったし、お話のほうもとりたてて光るものがあったというわけではない。どちらかといえば、あまり一般受けのしないタイプのもののようだった記憶がある。

が、なぜか、ひっかかるものを私は感じていた。むしろ「あまり一般受けのしないタイプのもの」だったからこそ、どうも気になった、といったほうが正確かもしれない。

当時、というよりいまでも少女まんがのメインストリームという意味ではあまり変わりはないと思うが、なんといっても「学園ラブストーリー」なるものがこの世界のメインであった。

雑誌の人気アンケートでも、上位に来るのはたいていその手の作品だった。

ウンザリしていた。十年一日のごとくワンパターンの安直なお話に、それがまた人気を取ってしまうという現実に、ありていにいえば私はほとほと嫌気がさしていた。

若気のいたり、といった面もあったと思う。少女まんがにおける「恋愛」の問題というのは、それほど単純なものではなく、ほんとうによい作品を作るためにも、深く掘り下げて考えなければならないのだが、当時の私は腹立たしさのほうが先。「なんでまあ、こんな安直なまんがが人気を取るんだ！」と、まあ、そんなところだった。

少女まんがだって扱う素材もテーマももっと多様でいいんじゃないのか、なんでみんなそれに挑戦しないのだ、元気のいい新人は出てこないものなのか……。

私がKさんの作品に「なんとなく」気をひかれたのは、おそらく（多少こじつけめいた自己分析かもしれないが）こんな気持ちが根っこにあったせいだろうと思う。年齢もまだ若い、ちょっと独特な感覚を伸ばして、既成のまんがに風穴を開けるような作品を描く作家に育ってくれないものか、と。

残念ながら、この願いはかなわなかった。何作か原稿を見ただけで、あるとき、彼女は小学館からデビューしてしまったのだ。

もっとも、このときのデビューは『ちゃお』。のちに彼女が本格的に活躍するのはビッグコミック系の青年誌だったから、やはり少女まんがの枠には収まらない才能だったのかもしれない。

なぜ私はKさんとつきあいつづけたのか――

さて、そのKさんと、なぜ私は他誌でデビューしてからもつきあいつづけたのだろう？

なにせさすがに大昔のことで、細かいところ、たとえば、『ちゃお』から青年誌に移る経緯や、連載を勝ち取るようになるまでのあいだに、どんな連絡を取りあっていたかなどは、すっかり忘れてしまったが、それでも私はしばしば彼女と会い、食事をしたり、酒を飲んだりしていた。

もちろん、なによりそれがとても楽しかったから、ということがある。

私たちはべつだん小むずかしい話をしていたわけではない。とりとめもなく、たわいのないおしゃべりをしていただけだ。

ただ、そんななかで、彼女はいつもまんがにたいしては真摯であり、かつ謙虚であった。自分がなにをしたいか、なにをしたらいいかを真剣に考えていて、それは私にとってもとても刺激的なことであった。

当時の少女まんがにウンザリしていた、と私は書いた。あれこれやってみても、自分がおもしろいと思ったものはなかなか読者の支持が得られず、あいかわらずなんでこんなものが、というような作品がアンケートの上位を占めていた。

どこがいけないのだろう？　自分の感覚のどこが読者とずれているのだろう？

それを考えることは、とりもなおさず「少女雑誌」ではなく「青年誌」に移って花開いたK

さんのことを考えることに通じていた。

先にも書いたように、私たちはべつにテーマを立てて話をしていたわけではないから、ストレートな質問をぶつけたことも、彼女からなにか「解答」めいたものをもらったこともないが、いわば、彼女と話すことは私にとっては「別の視点」から自分のやっていることを見なおすいい機会だったのだ。

もちろん、間口を広くして引き出しをたくさんもつことは、編集者の必須条件のようなものだから、なにも「他社系作家」とのつきあいだけをとりたてて云々する必要もないのかもしれない。どんな分野の人であれ、知らない世界の話をきくことはよい刺激になるものだ。

ただ、別のところにも書き、また、これからも折に触れて述べることになると思うが、単に知らない知識を増やすというだけでなく、自分自身（自分の世界）を「相対化」するということはきわめて大切なこと。その意味でも、同じまんがの世界だけに他者ならぬ「他社」の目を通すということは意味のあることといっていいだろう。

惣領冬実さんの場合――

Kさんとのことでは私自身、「功利的」な意図（＝こちらの雑誌に描いてもらおうというような）をもったことはまったくなかったし、一般的にそんないわゆる「助平根性」をもってもロクなことはないのだが、結果として大きな「果実」を産み出すこともないではない。そんな例となったもうひとりの作家とのつきあいをあげておこう。

これも相手は小学館系の作家。最初の分類でいえば、きっかけはパターン1だ。ただし、紹介してくれたのはまんが家ではなく原作者だったが。

そのまんが家惣領冬実さんと初めて会ったのは一九八八年の春だったと思う。指定された自由が丘の喫茶店で、連絡のゆきちがいからずいぶんと長い時間を過ごしたことをよく覚えている。

当時、すでに惣領さんは週刊少女コミックで連載をもつ人気作家。私は『週刊少女フレンド』の編集長になって間もないころだった。

紹介してくれた原作者は、惣領さんとは同郷ということで、彼女が編集部と若干ぎくしゃくしていること、他の編集の話もきいてみたいと思っているらしいということなどを私に教えてくれた。

コミックとフレンドといえば、いうまでもなくライバル誌。そこの連載作家と会うのだから私はかなり緊張していたし、編集長という立場もあって、正直いえば（先には「助平根性」をもって会ってもろくなことはない、などと書いたものの）、「こちらに描いてもらえないかな」と「下心」も十分であった。

ブックオフ

ところで、話は少し横道にそれるのだが、このときの経験でひとつ書いておきたいことがある。本論のテーマとは直接関係はないのだが、それはいまもなお解決されていない出版界を取り巻く大きな問題のひとつにかかわると思うからである。

一般に（常識といってもよいのだろうが）編集者が初めての人間に会いに行く場合、その人物についての下調べをしていく。作家ならば当然主な作品に目をとおすとか、最近の活動について頭に入れておくとか、である。これは、もちろん「勉強」という意味もあるが、端的にいってそうしなければ「怖い」からだ（後年、まったくの下調べもせず一冊の著書を読むこともなく初対面の評論家に会いに行ったという新入社員の話をきいたことがあるが、そのときはあきれるというより「いい度胸をしているものだ」と妙に感心してしまったものだ）。

で、当然、私は惣領さんのこれまでのコミックス（まんがの単行本）を読んでおこうとした。週刊誌の連載だからかなりの巻数である。

が、これが手に入らない。書店に行っても最新刊はあるが前のほうの巻になると置いていない。けっきょく、かなりの数の書店をまわったが、歯抜け状態のまま。注文しても二週間だの三週間だのかかるといわれるが、会う約束の日は決まっていて、そんな余裕はない。これには参った。断っておくが、まだアマゾンなどなかった時代の話である。

どうしたか。駆けこんだのはブックオフである。

これも念のため断っておくが、この時代はブックオフが勢いをもちはじめたころである。まんが家も出版社も、ブックオフには警戒感をもち、なんとかしなければ、とさまざまな動きのあった、簡単にいってしまえば「敵対関係」にあったともいえる時代のこと。商業まんが雑誌の編集長がブックオフを利用するなど、あまり大っぴらにはいえないことだった。

しかし実際は助かった。ブックオフの棚には私が探していたSさんの単行本が全巻みごとに並んでいたのである。

ブックオフの是非をここで論じようとは思わない。しかし、一読者、利用者としてみれば、一般書店とブックオフと、どちらが「便利」かはいうまでもないだろう。いまなら、アマゾンとの問題も同じ。ほしい本を探して書店を何軒も探しあるき、注文しようと思っても必要なときには間にあわず……そんな経験をしたことのある人はけっして珍しくはないはずだ。

出版界の抱える問題は多様だ。活字離れ、電子化、さまざまな課題がある。が、じつはいちばんの大きな問題は「流通」の問題といっても過言ではない。

少なくともこのときの経験から、私はただブックオフやアマゾンを「敵視」するだけではなにも解決しないということを、身をもって学んだといえる。

異動になってしまった！

さて、なんとか既刊のコミックスにも目をとおし、無事「ファーストコンタクト」に成功したからといって、最初からそう頻繁に会う機会があるわけではない。なんといっても向こうは週刊誌の連載をもつ作家、そうそう時間だって自由にはならないのだ。

自慢になる話ではないが、私はあまり細かくメモを取るほうではない。ということはつまり、はなはだ心もとない記憶でしかないのだが、その年の八月と翌年の四月にお会いしただけで、なんとファーストコンタクトから一年ちょっと経った六月には、私のほうが異動になってしまった。それも編集とはまったく関係のない人事部門、研修課という採用や社員研修をする部署である。

この異動については別にまたふれることになると思うが、他社系だろうがなんだろうが、作家とつきあっていくうえで、人事異動の問題はけっこう大きな問題といえる。とくに私が所属していたような総合出版社の場合は異動の頻度も高く作家との関係にも微妙な影響を与えてくる。

一般的にいえば、異動になれば当然新しい担当者が決まり、引き継ぎをする。それこそ連載をもっている作家だったら、すぐにでもバトンタッチしなければ雑誌そのものに支障をきたしてしまう。連載とまでいかなくても、企画はたえず動いているものでもある。

しかし、私とこの惣領さんの場合はちょっと趣きがちがった。もし、私が一現場の編集者で、それこそ彼女を引き抜くために動いていたとしたら、すぐ後任を決めるべきところだが、そもそも編集長は私だし、現場に諮ったわけではなく、いわば水面下で個人的に動いていただけの話である。

もっとも、「後任の編集長に引き継ぐ」という考えは成り立つかもしれない。いま、惣領さんとこういう関係になっている。もっていきようによってはこちらに描いてもらえるかもしれないので、以後よろしく、と。

だが、私はそうはしなかった。なぜか？

機が熟していなかった、といえばいえないこともない。しかし、それ以上に私は惣領さんとのつながりを絶ちたくなかった。なぜ、異動になったからといって、私が惣領さんとのつきあいをやめなくてはならないのだろう？

ここには、じつはかなり本質的な問題があると私には思われる。編集者と作家との関係とはいったいなんなのだろう？

編集者は作家と「機能」としてだけつきあうわけではない――

結論からいってしまえば、編集者は作家と「機能」としてだけつきあうわけではない、というのが私の考えである。

確かに、編集者も作家もお互いを通して「仕事」をする。編集者は原稿をもらって雑誌なり書籍なりという「商品」を作り、作家は編集者を通じてその「対価」を得る。あえてドライな言いかたをすれば、原稿の「売買」を通してつながる「ビジネスパートナー」である。

しかし、いうまでもないだろう。作家と編集者の関係がそれだけであろうはずがない。

先に私は別の章で、「作家と編集者は点と点でつながるものではない。点ではなく面で、つまりは全人格と全人格がぶつかりあって、初めてなにかが生まれてくるものだ」と書いた。「機能」（＝「原稿の売買」という！）としてだけつきあうということは、この「点と点のつながり」のいわば最たるものだ。

物領さんとのことでいえば、私は確かに、まんが雑誌の編集長という立場ではあったが、それ以上に（それ以前に）大竹という一人間として物領さんと会い、話をしていたわけで、編集以外の部署に異動になったからといって、私が私でなくなってしまうわけではないのである。

結果、私は物領さんと異動後も連絡を取りあった。ついでにふれておけば、先に書いたKさんとも同様。変わらずときどき会っていたとメモが残っている。

一般論としていえば、これは異動後、以前の担当作家、とどうつきあうか、という問題である。

もちろん、越えてはならない「一線」というものは確かにあるだろう。極端な話、異動後もいっこうに後任に引き継ごうともせず、いつまでも「担当者」としてふるまっていたとしたら、業務に支障をきたすのはいうまでもない。また、そこまでひどくなくても、なにかといえば打ちあわせに首をつっこみ、現場（新担当者）を混乱させることなどあってはならないことだ。部署を去った人間としてのいわば「節度」といったようなものが要求されるのは当然である。

が、それでも（あるいはそれを承知で）あえていえば、編集者はもっと自由であっていい。自分の興味と関心のおもむくまま、好きな人と会い、好きなことを追いかければいいのだ。

そもそも編集者は誰（なに）のために「仕事」をするのだろうか？　会社のためか、所属する部署のためか、上司のためか……？　それが「仕事」として与えられているからか……？

先にも述べたように、私は一時期（新入）社員の研修に携わったことがあるが、しばしば彼らに（誤解を恐れず誇張していえば、という但し書きつきではあるが）「仕事は私利私欲のためにすべし」と、語った。

山口瞳さんのエッセイのなかに「会社のためにすべてを捧げるなんてことをいう奴にかぎってロクな仕事をしない」というような意味の一節があって、それに深く共感した、ということもあるが、なにより「自分がおもしろくない仕事」が力をもつわけはないと信じるからである。

Kさんや惣領さんと私が、人事異動にもかかわらずつきあいつづけた理由がおわかりいただけたろうか（詳述は避けるが、こうした作家はこのお二人にかぎらない。少女まんがが時代に仕事とはなんの関係もなく知りあった児童文学作家と長くつきあい、結果としては異動のために仕事に結びついた、というような例もあるが、それはまた別の話）。

すぐれた作家は作家自身の力で大きくなっていく——

他社系作家とのつきあいの話から、ずいぶん横道に入って長くなってしまった。惣領さんとのその後を駆け足で綴ってこの項を締めくくろう。

研修課に移ってもつきあいを続けたとはいえ、もとよりそう頻繁に会うこともできないまま、三年経った一九九二年、私はまた異動になった。こんどは『別冊フレンド』。編集長としてまんがの現場に復帰したのである。

当然（といっていいだろう）この後の動きはそれまでと様相を変えてくる。手元に残っているメモでは、九四年あたりから会う機会も頻繁になり、しだいに具体的な『別フレ』での作品執筆というところへ焦点も移っていったと思う。細かいところは忘れてしまったが、どこかの時点で現場の担当者もつけたと記憶している。

未経験の雑誌をデザインしなくてはならないという私自身の立場の変化もあり、前に使った言葉でいえば「機が熟した」ということなのだろう。

やがて、一九九五年の「ＤＯＬＬ」を経て彼女の少女まんがが時代の代表作のひとつ「ＭＡＲＳ」（一九九六～二〇〇〇）へと彼女の作品は実を結んでいくことになる。

「MARS」惣領冬実　講談社

なお、いうまでもないとは思うが、私と惣領さんとの「打ちあわせ」の中身はこれまで述べてきたことと同じ、やはりとりとめもないおしゃべりばかりであった（『別フレ』に移る前の時期には落語を聞きにいったり、映画の字幕翻訳者といっしょに食事をしたりもした）。

『別フレ』での執筆が具体化してからも細部は

担当者に任せていたから、酒を飲んで四方山話をしていたことにあまり変わりはない。それがなぜなのか、ということについてはこれまで縷々述べてきたつもりなので、ここではくりかえさないが。

さて、他社系の作家とのちょっとした思い出を語るつもりが、ずいぶん長くなってしまった。書きながら、編集という仕事の本質にかかわる部分が見えてきたことは、私にも「想定外」のことであった。ご容赦願いたい。

その後、惣領さんは青年誌のほうに移り、西欧の歴史に材をとった作品でさらに大きな作家になった。

すぐれた作家は作家自身の力で大きくなっていく。編集者の力など、たかがしれているものだ。ただ、私は惣領冬実というやはり類まれといっていいまんが家の一時期を（ごく短い期間とはいえ）ともにできたことをただ幸運と思うだけである。

間奏編

＊

編集から遠く離れて

異動かはたまた転職か――

先にも書いたとおり、私が『週刊少女フレンド』から総務局の研修課なるところへ異動になったのは一九八九年のこと。入社以来二度目の人事異動である。

一回目は同じ少女まんが部門のなかの話だったが、こんどはまったく編集とは関係のない部門、しかも編集長だったのが副課長としての異動だから、いわゆる「降格」というやつだ。ショックでなかったといえばウソになる。

この本の目的はサラリーマン生活のハウ・トゥーを語ることではないので、それ以上はふみこまないが、ひとつだけ、ショックというよりは仰天した「笑い話」を書きとめておこう。

研修課出社最初の日のことである。社の始業時間は九時半、深夜業の多い編集部とちがって、総務管理部門は当然定時始まり、加えて初日ということもあって私は十分ほど早く出社した。

すると……。

なんと驚いたことに他のメンバーは全員すでに着席、座ったとたんアルバイトの女性からすっとお茶が出された。

これにはさすがにびっくりした。おいおい、ここは同じ会社かよ!

一般的に組織が変わればそのカルチャーが変わるのはけっして不思議なことではないが、出版社という特殊性のゆえか、また、私の所属していた会社が相当に広範囲なジャンルを抱えていたこともあってか、この「異動」というよりは「転職」のようだという感想は、他の異動経験社員からもしばしば聞かされたものである。

いずれにしても（これほど極端でないにしても）部署が変わるということはそれなりにストレスフルなことではある。まして、同じ編集セクション内ならばともかく、まったく関係のない部門、私のような総務・人事部門とか、あるいは営業部門だとかいう場合には「抵抗感」があってもしかたないといえるだろう。場合によっては出社拒否だの、会社を辞めるだのという大騒ぎにならないともかぎらない。

ただ、これを一般的なサラリーマン処世術のように受け取られてしまうのは本意ではないのだが、やはりまずはその移った場所でやるだけやってみるのがいいのではないか、というのが私の意見である。

大切なのは、まず「自分」――――

理由はふたつある。

ひとつはすでに述べたことだが、自分の仕事を外から見てみるということの大切さ。

非編集部署といっても、同じ社内のこと、なんらかの関係・つながりは必ずあるはずだし、もしも万一まったく関係がないとしても、そこから「どう見えているか」を知ることはムダなことではない。

まして販売とか業務といった部署であれば、編集部とはいわば裏と表の関係。その密接度はいうまでもない（おそらくそういった観点からだろう、編集者にも必ず販売・業務部門を一度は経験させるということを方針としている出版社もある）。

もうひとつの理由は、大げさにいえば、「仕事（のしかた）とはなにか」ということにかかわってくる。

前章で私は、編集者は誰（なに）のために「仕事」をするか？　と、問い、会社や、上司や、まして与えられているから、などという理由のためではなく、「私利私欲のためにやるべし」ということを述べた。

これは編集にかぎらない、すべての仕事について言えることだと私は思う。

強引な屁理屈、と言われるのを承知でいえば、「仕事」は外にあるのではない。まずは「自分」なのだ。外側から強いられるのではなく、「自分の興味・おもしろいと思えること」をどうその「仕事」につなげていけるか、それこそがいちばんのポイントだと、言えるのではないだろうか。

別の言いかたをすれば、その部署の「枠」（当然その部署には部署のミッションがあるわけで私もそれは否定しない）に自分を合わせるのではなく、いかにその「枠」を自分（の興味）にひき寄せられるか、「枠」（という制約）と「自分」とをすり合わせられるか、ということである。

仕事をおもしろくするのもしないのも「自分」しだいなのだ。

もちろん、いうまでもないことだが、人には適性、向き不向き、というものがある。どうしてもその仕事になじめず、部署にいることが苦痛だという場合もあるかもしれない。

そんなときはためらわず上司なり、人事部門なりに相談することだ。私は体調を崩してまでイヤな仕事を無理に続けろなどといっているわけではない。大切なのは、まず「自分」、「仕事」より「自分」。それだけである。

離れてみるのも悪くない――

私自身の話に戻ろう。

わからないことだらけ、戸惑うことばかり（なにせちがう会社に入社したようなものなのだから！）ではあったが、幸いなんとか新しい部署にはなじむことができた。他社系のまんが家とのつきあいも続けていたことはすでに書いたとおりである。

本書の主旨からは外れてしまうので、その仕事内容の詳述は避けるが、まんがの編集部にいてはおそらく縁もなかっただろうような人や世界を知ることもできた。

なにより採用や研修というものにかかわったせいで、社内外の多くの人とのつながりができ、それは後々の私の仕事の強力な武器になった（余談だが、講談社は当時、中国、アメリカ、イギリスなどの出版社や大学から研修生を受け入れていて、私はその担当者でもあったから、いまだにアメリカで日本のまんがを講じる大学教授や中国の出版人とのつきあいがある）。

私が研修課にいたのは丸三年。異動になった当時は、それなりに思うところもあり、早く編集に戻りたいという気持ちがなかったといえばウソになるが、いま考えれば、じつに貴重な、また勉強になった三年間であった。

　編集から遠く離れてみるのも悪いものではない。

コネはない！――採用試験のウソとまこと――

　ところで、先ほど、研修課の仕事の内容についてはこの本の主旨に反するので詳述しないと書いたが、この本の読者には、編集者になりたい、出版社に入りたい、というような人も想定しているので、採用と面接のことにだけ少しふれておきたい。

　前述したとおり、私が研修課に異動になったのは一九八九年、昭和から平成にかわった年の六月。まだ、いうまでもなくメールもインターネットもなかった時代だから、採用のやりかたもいまとはだいぶ異なっていた。

　応募書類をネットからダウンロードするなど、考えられもしなかったし、たとえば途中の面接の結果連絡もいちいち電話でしていたものだ（いまでは当然メールでの連絡。電話の場合はいくら電話をとれるところにいるように言っておいても、必ず何人かは連絡のつかない学生が出てきて、担当者は一苦労したものだ）。

　それともうひとつ、いうまでもないことだが採用のしかたは会社によってかなり異なる。とくに出版社の場合、定期採用をしない会社は珍しくないし、規模や業態によってさまざまである。

したがって、ここでは一般的な話として通用する、主として受験生のあいだに見られる「誤解」を解くかたちで、三つのことに絞って述べたいと思う。

まず、第一は「コネ採用」についてである。

よく、「結局コネなんでしょう」という学生の声を聞くことがある。実際、何年か前に老舗出版社のI書店が、採用試験を受けられるのは「紹介のある人にかぎる」として物議をかもしたことがあるのも事実だ。

が、少なくとも私が在籍した社では「コネ採用」はいっさいない。これは「内側」にいた人間として断言できる。

確かに採用の時期になると、社内さまざまな部署のさまざまな人から「問い合わせ」があるし、いわゆる「紹介」というものもある。曰く「某作家の息子が受験するのだが」「取引先の○○氏のお嬢さんなんだが」云々。担当者としてはもちろん尋ねられれば説明もするし、場合によっては直接会うこともある。が、それはあくまで「採用の手順、やりかたの説明」であって、それ以上でも以下でもない。むしろ、はっきりと「コネ採用はありませんから」とクギを刺すことすらある。

事実、ある年など、社長からの紹介のついた受験生にもなんの考慮もしなかったことがあり、「なるほどこのフェアさは本物だ」と私はひどく感心した記憶がある。

おそらくどこの社も同じようなものではないだろうか。公募にすると事務処理能力を超える数が集まってしまうので、という理由で、というI書店のような場合でも、採否に関していわゆる「コネ」を優先させるということはまずないのではないだろうか。それは、採用する側からいえば、よりよい人材を取りたいということが最優先事項なので、それをはずしてしまって困るのは自分たちだからである（ただし、規模や業態によって「コネ採用」がまったく否定されるものとは私は思っていない）。

「クリエイティブな仕事」という誤解――

第二は「クリエイティブな仕事」という誤解である。「なぜ出版社を受験するのか？」と尋ねると、きまって「クリエイティブな仕事だから」と答える学生がいる。おそらく彼らにしてみれば、「銀行や役所」で日がな一日デスクに向かう（という発想自体がそもそもいかがなものか、であるが）よりは、「編集」などという仕事はなんだか動きがあって、「創造的」、と思えるのだろう。

「ウソ」である。少なくとも「大いなる誤解」である、と私は思う。最初から「クリエイティブな仕事」など存在しない。あるのはただ「クリエイティブな仕事のやりかた」だけである。前にもすこしふれたが、残念ながら「クリエイティブでない」編集者の仕事ぶりなど、私はいやというほど見てきている。ただ「依頼」をし、「原稿のあがり」を待って「頂戴」し右から左に印刷所にまわしたって雑誌（本）はできあがるのである。

言い換えれば、どんな仕事であれ、ルーティンにしようと思えばいくらでもできてしまうし、工夫をこらし「創造性」を発揮しようと思えば、そこには無限の可能性があるのだ。

出版（編集）以外の仕事でクリエイティブでない人間が出版（編集）の仕事でクリエイティビティを発揮できるなどとは私は信じない。

面接は「試験」ではない――

第三に、最後に言っておきたいのは、面接は「試験」ではない、ということである。いや、もちろん、「採用試験は筆記と面接」という言いかたをするし、面接の結果「通る人」と「通らない人」がいる以上「試験」にはちがいない。私が言いたいのは英語や数学の試験（＝テスト）のように正解があるものではない、ということである。

最近は情報過多というのか、面接についてのマニュアルやら参考書のようなものが氾濫し、「模範解答」が流布しているのか、決まりきった、優等生的な「答え」ばかりが目につくことがある。

しかし、くりかえすが、私たち（面接官）が求めているものは「正解」ではない。「答え」ではなく「応え」なのである。

考えてみればこれはあたりまえのことだろう。たとえば「なぜ当社を志望されましたか？」という問いに「正解」などあるわけがない。自分の素直な気持ちを言えばいいだけのことである。

それを、「こう答えたほうが有利」だとか「面接官の心証をよくする」とか書いてある本があるとすれば、ナンセンスとしか言いようがない。私たちはその人の人となりが知りたいだけ、別の言いかたをすれば、いっしょに仕事をしてみたいと思えるかどうか、ということだけなのである。

また、かりに柄にもなく自分を取りつくろったとしても、そんなものはすぐに「バレて」しまうものだ。こわがらず、肩ひじ張らず、素直に自分を出す、面接の「極意」はそれにつきる。くれぐれも、「試験」と勘ちがいして「傾向と対策」やら「参考書」などに頼らないことである（ついでにふれておくと、私が採用担当をしている期間中に面接で「早口言葉」をして合格した学生がいた。するとすぐに、「面接で早口言葉をさせられる」という「情報」が学生のあいだにひろまり、挙句の果てには「早口言葉ができないと合格できない」などというデマまで流れたことがある。そんなバカなことがあるわけはない。その学生はたまたま早口言葉が話題になったときに「ちょっとやってみて」といわれたからやってみせただけで、別段そのとき早口言葉をやらなくても、それで不合格になる、なんてことはないのである）。

なお、言うまでもないこととは思うが、面接の合否の判断はあくまでも面接官の評価による。多くの人数を短時日のうちに処理する必要から、いくつかのグループに分けて面接を実施することになるが、おのおののグループから上位一定の人数の受験生を残してもらい、それを足し上げたうえで上から次の段階に送る数をとっていく、というのが私が所属した会社の基本的なやりかた。なにより現場の人間の評価、感覚を最優先するわけである。

「自己実現欲求」という「魔物」――

結果的に私は研修課にまる三年間いて編集部門に戻ることになったが、その後の経験も通して、年々強く感じるのは、学生（受験生）のなかにある「自己実現欲求」という「魔物」の怖さ、である。

「私はこんな本が作りたいのです」

「こんな仕事がしたいのです」

……こうした学生の強い意思表示のどこが問題なのか、と思われるかもしれない。いや、実際、私たちのほう（採用する側）が、「強い志望動機」を求め、学生をしてそう答えせしめてきたのも否定できない事実だろう。

が、それはある種「偏狭な思いこみ」と紙一重の危うさをもっている、と私は思う。首尾よく入社しても、配属部署にこだわるあまり周囲と齟齬をきたしたり、極端な場合は早々に会社を辞めてしまうというような例すら見かけることがあった。

自分のやりたいことを大事にすることは、もちろん大切なことだ。しかし、自分の可能性や適性というものは、案外自分では気がつかないものでもある。まんがが大好きで、どうしてもまんが雑誌の編集者になりたいと思っていたのが、女性雑誌に配属になってみたら、思いのほか「はまって」しまった、などという例はいくらでもある。

会社も職種もまたしかり。まだ二十代も前半という時期に、希望していた（職種の）会社に入れなかったというくらいで、人生のすべてが終わったように思う必要などさらさらない。自分が行った場所で、また与えられた場所で、全力を尽くしてみればいいだけのことである。自分のなかの無限の可能性に、もっと自由にしなやかにむきあってみるのもよいのではないだろうか（このことは前項で述べた異動の問題とも通じるところである）。

欧米社会では、大学で学んだことと職業とは密接な関係があるといわれ、私なども法学部を卒業して編集者になったというと不思議な顔をされたことがある。しかし、その分、大学を途中で休んでさまざまな経験をしてまた戻ったり、卒業して職業経験を積んで再入学をしても、別段それがハンディになることはない。その点は日本よりはるかにのんびりしているといってもいいくらいだ。

日本社会にはそんな自由さはない。まるで追い立てられるように大学に入るとすぐ就職のことを考えねばならず、極々若いしかも短い時間のあいだで自分の「将来」を決めなくてはならない。もっと言えばそこで決めそこねてしまうと、取り返しのつかないことにさえなりかねない。そんな不自由で「窮屈」な世のなかを作ってしまった責任は、もとよりわれわれにあるのだが。

第三章

＊

書籍という異世界

1　本は書店にあるという幻想

初めての書籍編集

私の講談社生活は四十二年、ざっくりいえば間奏編で紹介した総務（研修課）の三年を折り返し点のようにして、前半二十年が少女まんが、後半の二十年が児童書という案配である。

一九九六年、私は『別冊フレンド』編集部から児童局幼児図書出版部（当時）に異動になった。

その年の二月発売の号に掲載した作品に大きな問題があり、その責任をとるかたちで通常の定期人事とは少し時期のずれた九月の発令であった。編集長から担当部長（ラインの部長の下に位置する）。二度目の「降格」である。

前回と異なり、こんどは同じ編集部門内での異動だったから、「転職か！」というようなショックはなかったものの、しかし、ある意味ではそれ以上の衝撃をこのとき私は受けることになった。初めての書籍編集だったのである。

一口に「編集」といっても、その中身が一様でないのはいうまでもないだろう。「少女フレンド」と「週刊現代」が同じ編集ノウハウのわけはないし、雑誌と書籍では基本的なところで大きく異なっている。

いわく、書籍編集は一人ひとりが編集長、いわく書籍編集はタイムスパンが長い、いわく……。

と、そのくらいのことはもちろん充分わきまえていたのだが、「知識」として理解しているのと、身をもって「体験」するのとでは、まったく意味合いがちがう。

それはこんな「体験」だった。

見本はできた、あとは書店に並ぶのを待つばかり——

幼児図書出版部(絵本の出版部)に異動して私が担当した最初の本は、「ネズミのヨーニーどんないろ?」というドイツの翻訳絵本である。企画はたえず複数のものが同時進行しているから、なにを「最初」というかは、じつはむずかしい問題なのだが、初めて本になった(発売された)という意味では、この本にまちがいない。奥付の初版発行は一九九七年の七月だから、異動して一年足らずである。

一般に翻訳物は内容を一から作っていく必要がないため、新人(未経験者)に担当させるにはいいものだが、とはいえ当方ドイツ語はもとより、そもそも絵本というものがよくわかっていない。すべてはエンデなどの翻訳でも知られるベテラン翻訳者のSさんに頼りっきりの作業であった。

いまふりかえっても、それこそ顔から火の出るような思いだが、その打ちあわせの詳細はともかくとして、なんとか校了。発売を待つだけとなった。

書籍の場合、雑誌と違って発売日がキッチリ決まっているわけではない。企画がスタートする段階から、おおよその出来予定日というものを決め、それにしたがって作業を進めていくのだが、往々にして進行は遅れがち、しばしば予定日は書き換えられていく（これがどのくらい重大な問題なのかについては後にふれる）。

もっとも、見本もできたこの段階となればもちろん目途はたっていて、いついつ取次搬入、といったように販売から伝えられる。

「はじめてのお仕事」の項にも書いたように、自分が手がけたものが（見本として）形になる、というのはうれしいもの。もういいかげんトウのたった編集者ではあったが、私はひそかにワクワクしていた。

本が、ないっ！

当日（といっても取次から書店に行くまではおのおのタイムラグがあるから雑誌のように全国一斉、というわけにはいかないので、あくまでここなら大丈夫だろうと見当をつけた日、ということだが）、勇んで書店をまわってみた。

が、ないのである。私の初めての絵本が、どこにも見当たらないのだ。

正確な記録は残っていないのだが、まわったのはいずれも大手書店。紀伊國屋とか、三省堂とか、児童書売り場もそれなりに充実しているところを選んだつもりだった。

が、ない。どこをどう探してもなく、ようやく棚のなかに一冊だけ（いわゆる「棚差し」というやつだ）あるのを見つけたのは、たしか四軒目くらいだったと思う。

これには驚いた。新刊が発売日に書店にない！　どういうことだ、これは⁉

冷静に考えれば、不思議でもなんでもない。これも確かな記憶ではないが、この翻訳絵本、確か初版部数は四千部程度だった。

現在の感覚でいうとずいぶん多いと思うかもしれないが、当時は四千部程度がいわば最低ライン。この絵本は「世界の絵本」というシリーズの一冊だったが、シリーズのなかで強いタイトルのものは五千～六千部作ることも珍しくはなかった。

それはともかくとして、四千部とすると、一軒の書店に一冊ずつ置いても四千軒の書店にしか置かれない。

当時はまだ全国に書店は一万五千とも二万店ともいわれた時代である。言い換えれば、一冊ずつ配本したとしても一万五千部以上の初版部数が必要というわけだ。わずか四千部の絵本が日本中に播かれるのだから、何軒かの店舗で見つけられないとしても、不思議でもなんでもない。

それは「幻想」だった――

私のこの「驚愕体験」の背景には、それまで私が経験してきたのが雑誌、それも定期刊行の雑誌だけだったという事情があるのはいうまでもないだろう。

入社以来私が所属してきた雑誌はそれぞれ三日（『なかよし』）五日、二十日（『少女フレンド』）十三日（『別冊フレンド』）と決まった日になればまちがいなく書店の店頭に並び、しばらくは毎日のようにその山の減りかたを見ては一喜一憂する。それは、いわば私の身体に染みついた、習い性とでもいうべきものであった。

ところで、この問題、初めは「いや、まいったなあ」と、笑い話ですませていたが、書籍の世界がわかってくるにつけ、じつはきわめて重大な課題がそこに潜んでいることに気がついてくる。

いや、書籍というより、それは出版全体の問題でもあったのだ。

ふつう、私たちは本を作れば（出版すれば）その本は書店にあると思うし、本を買おうと思うときは本屋に出かけていく。少なくとも、アマゾンなどがまだ日本に進出していなかったこの時期には、そう考えられていたはずだし、私もまたそう思っていた。

が、要するにそれは「幻想」だったということである。

実際には新刊書の広告を見て書店に行っても、目指す本がなかったりとか、まんがといえども、それこそ「他社の作家とつきあう」の項にも書いたようにコミックスの既刊本を探すのが至難の業だったりとか、すでに経験ずみのことなのだが、いざ、自分が作る側になるとすっかりそんなことは忘れてしまっているわけだから、なんとも能天気なものなのだが。

さて、その「幻想」が壊れてみると、どういうことが起きるか？　いや、こう言い換えたほうがいいかもしれない。私たちの（当時の）編集・出版活動の多くが、いかにその「幻想」のうえに成り立っていたか、と。

「読者」と「本」が出会わなくてはなにも始まりはしない――

たとえば、おもしろくないから売れないのだ、とはよくいわれる言葉である。類書（似たようなジャンル・傾向の本）と比較しても、やはりつまらなかったから（売れ行きがよくない）とは、しばしば編集者が販売担当からいわれることでもある。

しかし、いうまでもなくこれは読者がその本を読み、評価した、という前提のうえに成り立つ議論である。

そもそも「読者」と「本」が出会わなくてはなにも始まりはしないのだ。

私（たち）は本を作れば、それは書店に並ぶものだと思ってきた。読者もまた、本がほしければ、書店に行きさえすれば、本と出会えると思ってきた。

それがどうもそうではないらしい……。

その後、私は一編集担当者として、また部長、局長として、しばしば営業部門の人たちと「本と読者の出会いの場所」をどう作るかという議論をすることになった。

それは配本の問題であり、パブリシティの問題であり、またどうイベントをしかけるかと、という問題であった。

極端にいえば、書籍にかかわった仕事のほとんどをこのことに傾注したといってもいい。いや、それはいまでも、まだなかなか妙案の出ない重要課題と言っていいのだ。

なお、蛇足ながら「出版全体の問題でもあった」と言った手前、雑誌についても少しふれておこう。

先に、書籍に比べ、少女まんが雑誌は発売日になればきちんと書店に並んでいた、と書いたが、最近の出版環境の激変は、雑誌ですら安閑としていられない事態を招いている。

書店数の激減、コンビニの厳しい売上基準、などを考えれば、雑誌ですら読者とふつうに出会えることはむずかしくなりつつある。それなりの部数のある雑誌ですら（なかには発行部数が数千というまんが雑誌まであらわれているが）発売数日を逃すと、あっというまに店頭から消え、買いそびれてしまう、という経験をおもちの方も多いだろう。

デジタル化の問題など社会環境の変化もあって、とても簡単に書ききれる問題ではないが、なんにしても、書籍・雑誌をとわず、出版は大きな曲がり角に来ている（あるいはとうの昔に来ていた）といえるのだろう。

ともあれ、こうして私の書籍編集者としての仕事がはじまった。以下、その「異世界」での仕事の一部をご紹介しよう。

2 きみはゴキブリを食べられるか？
——科学絵本『きみのからだのきたないもの学』

右も左もわからぬなかで

いつだったか、若い編集者から、「自分でなくては絶対できなかったと思う本はどのくらいありますか？」と訊かれたことがある。

そりゃあ全部だよ、と言えればいいのだろうけれど、残念ながらそんなことはない。「自分でなければ」ということは、当然アイディア、企画提出の段階からすべてひとりで手がける、ということになるのだろうが、そもそもすべての担当がそんな風に決まるわけではない。ルーティンで与えられる担当もあれば、大きな企画の一部を割り振られる場合もある。

前節で出てきた私の初絵本『ねずみのヨーニー……』も、異動直後でさしあたってやることのない私に部長から与えられた一冊だったし、当時同時に進行していたものも、入れ替わりに転出していった先輩からの引き継ぎだったりで、そもそも右も左もわからない未知の世界で、自前の企画などなかなか出てくるものでもないのだった。

「きみのからだのきたないもの学」シルビア・ブランゼイ／文　ジャック・キーリー／絵　藤田紘一郎／訳　講談社

ただ、そんななかで、翻訳絵本（つまり厳密にいえば「自前の」企画とは言えない）とはいえ、『きみのからだのきたないもの学』というアメリカの絵本は、口幅ったい言いかたを許していただければ、比較的異動後まもなく刊行された（一九九八年）にもかかわらず、私がいなければでることのなかったもの、と言ってもいいかもしれない。

なにより、その刊行までの経緯やそこで得られた教訓には参考になることが多いと思われるので、ざっとその過程を書いておこう。

雑談から

まず、最初に私がこの本の話をきいたのは、まだ少女まんがの（前）部署と新しい絵本の部署を行き来していたころのことである（異動時には引き継ぎの関係で両方に席があるというような時期が短期間とはいえどうしてもできてしまう）。

当時、まんがと映画のコラボ企画を進めていた知人の映画関係者に「こんど絵本の部署に異動になるんですよ」といったところ「アメリカでなんだか汚いことばっかり書いてる絵本がベストセラーになってるらしいですね」といわれたのが、この『きたないもの学』の原本Grossologyのことであった。

といっても、そのときは単なる雑談のなかの一言。聞いた私も、話した彼も、ただそれだけでやりすごしていた。知人は仕事の関係でハリウッドとも関係があり、アメリカ人スタッフを抱えていたせいでその情報をもっていたのだが、世間的にはまったく話題にもなっていなかった話である。

その後、もう一度その絵本の話をきいたのは、やはり件の知人を交えた飲み会でのことだった。アメリカ人スタッフも同席していて、もう少しくわしく聞くことができた。なんでも「ウンチやゲロ」を扱ったもので、もっぱらゲロの立体模型を貼りつけてあるという表紙が話題となった。「アメリカはすごいことやるもんだねえ」と、わけのわからない感想を言いあっただけで、そのときも話題はすぐ次に移ってしまったのだが、ひとつわかったのは、内容は「きわめてマジメな科学絵本」ということで、いま思えばそれがどこかに引っかかっていたのかもしれない。

企画はどうやって決まるのか？――

ところで、先に「未知の世界で、自前の企画などなかなか出てくるものでもない」と書いたが、ここで企画がどんな風に決まっていくかについて簡単に書いておこう。

あたりまえと言えばあたりまえだが、企画は企画会議で決まる、一般的には（なかには企画会議をやらない編集部があるという話もきいたことがあるが私は経験したことがない）。ただし、その企画会議の内容というかやりかたは、その部のカルチャーとか部長のキャラクターによって千差万別、一概にはいえない。

もちろん、企画の採否の権限、決定権は部長（編集長）にあるわけだが、文字どおり提出された企画を片っ端から有無をいわさずマルかバツか処理していく部長もいれば、ひとつずつ全員の意見を聞いたうえで決めていく場合もある。

後者にしても、単に意見を判断の参考に聞くだけ、というタイプの部長もいれば、議論し、ときには新しい企画に変えていく（変わっていく）というようなケースもあるわけで、そう単純なものではない。

私自身のことでいえば、歴代そうワンマンな部長（編集長）に仕えたことはなく、自分がその立場になってからも、なるべくみなに意見を言ってもらい、議論をして決めるようにしていた。余談だが、採否の決定権があるということは当然責任がともなうわけだし、その（採否の）理由を部員に納得してもらう必要があるわけだから、それなりに緊張する仕事だった。好きなように決められていいですね、というほど呑気なものではないのである。

企画書の書きかた、というものも必ずしも一律ではない。書式が決まっている部署もあると聞くが、私が経験した編集（出版）部ではそんなことはなかった。

タイトル、テーマ、内容、狙いなどを書くのだが、原稿用紙や社用箋に数行、という人もいれば、しっかり参考資料をつけたりする人もいる。

走り書きのようなものよりは、びっしり書きこんで資料までついているほうが、もちろん「見栄え」はいいのだが、それが必ずしもいい企画とはかぎらないからおもしろい。

案外数行のメモをきっかけにいろいろな意見が出て、結果として思いもかけないいい企画が生まれる、ということだってありうることなのだ（その意味からも企画会議はみなが意見を出しあい、議論をしながら決めていくというかたちがいいと私は思っている）。

なお、ついでにふれておけば、なんにでも例外はあるもので、いま言ったような企画会議だけですべて決まってしまうわけではない。

部員が会議とは別に随時部長（編集長）に相談する場合もあって、なかには○○からこんな話をもちこまれたんですが、というようなこともある（先にふれた「企画会議をやらない部」というのはおそらくこれが常態化しているということなのだろう）。

見れば見るほど

脇道の話が長くなった。件の絵本の話に戻ろう。

要するに、私が聞き流していたその「きたない絵本」のことを思い出したのも、この企画会議のためだったということである。

細かくいえば、正式に企画会議にかけたのか、個別「こんなものがあるのですが」と部長に相談したのかは記憶が定かでないのだが、いずれにしても当時の私は「知識も経験もない世界」でなんとかプランらしきものをひねり出さなくてはならない状態。少しでも可能性のありそうなものにすがりつくのは当然なのであった。

当時、講談社にはニューヨークに駐在事務所があり、たまたまそこに知りあいがいたため、私は事情を書いてその絵本を手に入れてもらうことにした。実物を見ずに、噂だけではなにも始まらない、あたりまえである。

私が児童局に異動になったのは、前にも書いたとおり一九九六年の九月だが、手元に残っているメモを見ると、その年の十一月にはこの絵本の一部分の翻訳（抄訳）を先に紹介した知人の会社のアメリカ人に依頼しているから、かなりバタバタと速いスピードで事を進めていたことになる。それだけ企画の捻出に焦っていたということかもしれないが。

さて、実際に見てみると、このGrossologyなる絵本、いろいろな意味でなるほどすごいものであった。

まず、度肝を抜かれるのが先にもすこしふれた表紙。子どもが口からゲロを吹き出している絵なのだが、なんとその吐瀉物がレリーフというのか、要するにゴムとプラスチックで作られた立体物として貼りつけてあるのだ（ちなみに日本では雑誌・書籍の表紙はフラットでなければならないという規制があるのでこういうことはできない。日本語版では通常の印刷で処理した）。

次に絵柄のどぎつさ。いかにもアメリカ風といえばいいのか、かなりデフォルメされ、色彩も華やかと言うよりは派手と言おうか極彩色と言おうか……。日本人のテイストとはほど遠い。

さらに、もうひとつ私が驚いたのは、その文字量の多さ。子ども向けにはちがいなく、絵本の体裁をとってはいるものの、文章もぎっしり。それだけに確かな「科学読み物」であることだけはまちがいないようだった。

おもしろい（正確にはおもしろそうだ、か）と私は思った。

おぼつかない英語力だが、拾い読みしてみると、ウンチやゲロやオシッコなどなどが目次に並び、女性のトイレにはなぜ長い列ができるか、なんていう解説コラムまである。

ウンチだのオナラだのという話は子どもが喜ぶもの、とはよくいわれることだし、しかも中身はじつにまっとうな科学読物。著者も理科の教師経験があるサイエンスライターらしい。

おもしろいというだけでなく、これは出版する価値のあるものではないか……。

この絵じゃあちょっと

私がなんとか企画を通すべく、まずは内容がわかるように、抄訳を頼んだことはすでに述べたとおり。が、そこから先がたいへんだった。

最大のネックは絵柄の問題である。

「おもしろいけど、この絵じゃあちょっと、ね」

部長はもちろん、話をきいたほとんどすべてといっていい人の感想がこれだった。日本人向きではない、要するにこれでは売れないのではないか、というわけである。これにはちょっと参った。そんなことはないですよ、と強く反論できるだけの根拠を私ももっていなかったのだ。

いや、というより、確かに絵柄によって受ける受けないということがあることは、自分の少女まんがの経験からいってもよくわかる。

正直にいえば、自分が相談される立場だったら、同じような感想をいったかもしれないのだ。とはいえ、ここで、はいそうですか、と引き下がってしまうわけにはいかない（余談だが、企画会議などで反対意見が出るとあっさりプランを引っこめてしまう編集者がいるが、そんなことなら初めから出さないほうがいい。一般的にいって異論や反対意見の出ない企画などありえないので、それをどう説得していくかがポイントなのだ。ほんとうにやりたい企画ならとことん粘るべきだ。事実、何度ボツになってもあきらめず出しつづけ、もちろんそれによって企画自体が鍛えられたということはあるのだろうが、そこまでいうなら、と部長がＯＫを出し、結果的にヒットしたという例を私はいくつかきいたことがある）。

他人事ではない。ともかく部長を説得しなければ企画は通らない。私はどうしたか？

そもそも絵柄の好みなど、きわめて感覚的なもの。正解があるわけではないのだから、理屈で言いあっていてもラチがあくわけはない。ならば他の人の意見をきいてみましょうといっても、同じ部内にかぎらず、関連部署（販売とか業務とか）の人間にきいてみても、やはり返ってくるのは同じような感想。日本人受けしそうにないねえ……。

ならば読者に聞いてみよう――

残るはただひとつ。だったら読者に聞いてみましょうよ、と、いうわけで、私が提案したのは「読者モニター会」である。

もっとも、モニター会などといってもそんな大がかりなものではない。友人の子どもがたまたま三、四歳だったので、その夫人に頼みこんで、いわゆる「ママ友」を何人か集めてもらっただけ（いうまでもないと思うが、絵本など年齢の低い子ども向けの本の場合、実際に読むのは子どもでも、お金を出すのは親、あるいは祖父母、つまり大人である。読者＝購入者ではないわけで、このあたりも児童書のむずかしいところである）。

手元に残っているメモによると、モニター会が開かれたのは翌年の一月末。場所は友人宅のリビングルームである。

五、六人のママさんたちが集まってくれただろうか。持参した絵本（原書）を見てもらい、内容を説明して意見をきかせてもらう。

もちろん主眼は絵柄への反応だが、せっかくの機会。値段がいくらくらいだったら買おうと思うか、とか、どんな売りかたがいいと思うか、とか、そんな質問も交えながら、できるだけ感想を自由にしゃべってもらった。

結果は……やはり「読者」の声というのは聞いてみるものである。さすがに表紙の立体物にはギョッとしたようだったが、絵柄については「もっとどぎついものかと思っていた」とか「あまり抵抗ない」とかいう意見がほとんど。定価は二千円まで、とか、「全米でベストセラー」と強く謳ったほうがいいとか、貴重なアドバイスももらうことができた。

このモニター会なるもの、いまさら言うまでもないだろうが、かなり危険な「バクチ」である。

「やっぱりこの絵じゃあ」という意見が大勢を占めたら、ほら見なさい、といわれて万事休す。結果オーライでひそかに胸をなでおろした、というのが正直なところである（もっとも、もしこのとき反対の結果が出ていたとしても、私はたぶん企画をあきらめることはなかっただろう。おそらくなにか別の理屈なり理由をでっちあげてでも、なんとか通そうとしたと思う。そのくらい、私にとっては「やりたい企画」になっていたのだ）。

売れる翻訳者を！

さて、なんとか「モニター会」を乗りきって、それで企画が通ったか、というと、それほど世のなか甘いものではない。

「うーむ、モニター会ではあきらめなかったか」と、当時の部長が思ったかどうかはわからないが、私には次なるハードルが待ちかまえていた。

翻訳者探し、である。それも「売れる」翻訳者を見つけられれば、というのが私に課せられた新しい条件だった。

要するになんとか採算のとれる目途がたたなければ、というわけで、考えてみれば至極もっともな理由である。絵柄が日本人には合わないのではないか、というのも、言い換えればそれでは「買ってもらえない」ということだから、「根は同じ」ということだ。

私たちは同人誌をやっているわけでも、ましてや慈善事業をやっているわけでもない。商業出版社なのだから、いくら出版する価値がある（あるいはそう思われる）といっても、採算を度外視するわけにはいかないのであって、この「文化性と経済性」というのは出版という営みについてまわる、いわば「永遠の課題」なのだが、これについてはあらためてまたふれることにしよう（なお、その意味から、先に企画の決定権は部長にあると書いたが、社内的な手続きとしては、原価がどのくらいかかり、どの程度の売れ行きが見こめるかという計算をして、一定の基準に達しなければ正式なゴーサインとはならない。このこともあとでふれよう）。

で、「売れる翻訳者」である。

これが小説の世界ならば、わからないでもない。村上春樹とか東野圭吾とか、いわゆる「ベストセラー作家」といわれる作家がいることは確かだ（ベストセラーとまでいかなくても、ある程度の作家になると一定の固定読者はもっているもので、そういったケースでは企画は通りやすくなってくる。これは児童書の世界でも同じ。言い換えれば、この企画の場合は絵柄も内容もいわば「初めて」ずくしで、リスクが大きく、なにか「頼り」になるものがほしかった、ということである）。

で、くりかえすが「売れる翻訳者」。

もちろん、柴田元幸とか、それこそ村上春樹とか、その訳書がよく売れる有名な翻訳者もいないではない。が、それは大人の文芸書の世界の話。私が探すべきは「科学絵本」の翻訳者である。

ふつうに考えれば、そんな、いませんよ、ということになるのだが、こんなとき考えだすのが「有名人」の利用、ということだ。

簡単にいってしまえば、ネームバリューというか、その知名度にのっかって話題にしようというわけである。

そんな乱暴な、と思われるかもしれないが、翻訳についてては「下訳」をつける、という手がある。専門的な部分はしかるべき監修者を立てれば、なんとかならないことはない。

宣伝の帯に「○○氏絶賛！」などと有名人を担ぎ出して煽るのと、基本的には同じ発想である。編集（者）というのはいろいろなことを考えだすものなのだ。

実際、さすがにこの場合多少の内容との「親和性」は必要だから（いくらなんでもジャニーズのタレントというわけにはいかないだろう）、そう数多くはないが何人かの名前があがった。

部長からの提案もあり、こちらから言いだしたものもある。具体的に言うことは控えるが、あいだに人を介して打診までいったこともある。

が、うまくいかなかった。打診した感触がよくなかった、ということもあるが、なにより私自身がピンとこなかった。知的なイメージもあり、多少毒のあるキャラクター、といっても、どこかしっくりこないのである。

藤田紘一郎教授

そんな考えあぐねているときに出会ったのが、最終的に翻訳をお願いした藤田紘一郎氏（東京医科歯科大学教授・当時）である。

正確にいつごろのことだったかは記憶が定かではないのだが、たぶんはじめてその名前を知ったのは週刊誌かなにかでだったと思う。

当時、藤田氏は「カイチュウ博士」の異名をとり、免疫学、寄生虫学の観点から、現代社会の「清潔志向」に警鐘を鳴らしていた。

清潔すぎることの危険性、それはとりもなおさず「きたない」ことの大切さ、ということだ。

これはいいんじゃないか。

ボンヤリしていた映像にようやくピントがあったような感じだった。部長も賛成してくれた。

「引き受けてもらえればいいんだけどね」と。

そう、問題はそこである。

相手は大学の先生。絵本の世界とはまったく異世界の人である。しかも、調べてみるとすでに別の部署から専門領域の本も出していて、つまり同じ社内に担当者がすでにいて別の企画も進行しているらしい。

そうでなくてもかなり多忙なようす。はたして絵本の翻訳など、うんと言ってもらえるものなのだろうか……。

細かい経過はさておくとして、というよりほとんど覚えていないのだが、社内の藤田紘一郎担当(学術書、つまりきわめて専門的な書籍の編集者)とも連絡を取りあって、私が医科歯科大学の藤田研究室を訪れたのは、その年の九月の初めのことだった。

いまはもう綺麗に建てなおされているのかもしれないが、当時の研究棟はかなりの年代物。なかも薄暗く、おまけに教授の専門が寄生虫学とあって、研究室に続く廊下には寄生虫の標本がずらりと並んでいる。正直、いささか薄気味悪いといえなくもなかった。

緊張していた。これまでほとんど縁のなかった世界の人との初対面。仕事を引き受けてもらえるかどうかもわからない。おまけにこの雰囲気だ……。

結果はいうまでもあるまい。すでに藤田紘一郎訳で本が出ていることからもおわかりのとおり、出版の意義に熱く共感した氏は依頼を快諾。細かいことは省略するが、案ずるより産むがなんとやらで交渉はきわめてスムーズにいったのだった。

が、ひとつだけ。その本題に入る前の、いまも強烈に記憶に残っている思い出をここでは書いておこう。

いろんな人に言ったけど……――

研究室に入ると、会議室などによく見られる横長のテーブルに並べられたものが目に入った。皿というか浅い小鉢というか、なかにあるのはなにやら食べ物のようだ。

中国から帰ってきたばかりで、と教授が説明してくれた。中国のいろいろな地方をまわって、食文化というか、要するにその土地でどんなものが食べられているかの現地調査をし、手に入れられるだけのものをもってきたのだという。

「いろいろ珍しいものがありますよ」

と藤田氏は続け、ごくさりげない調子で私にこういった。

「どうです、ゴキブリ食べてみませんか?」

⁉ なるほど、見ると確かにそれらしきものが認められる。中国ではゴキブリを食べる⁉

それを私に食べてみないかって⁉

そのとき、私のなかにゲエッ、という気持ちがなかったといえばウソになる。しかし、その瞬間、とっさに頭に浮かんだのは、ここで負けてなるものか、と、そんな気持ちだった。敵に後ろは見せられない、気合負けしてはいられない、と、多少オーバーにいえばそんなところだろうか。

いただきますよ、と、私は助手の方が用意してくれた小皿と箸を受け取った。件のそれと、もう一品（なんだったかは忘れてしまったが）を皿に取ったような覚えがある。いずれも炒め物のような、佃煮のような、早い話がなんだかよくわからないものだ。

食べた。ちょっとピリ辛風の味つけだ。

うまい！　と舌鼓を打つようなものではないが、といって別段まずいものでもない。世のなか一口食べてウエッ、というようなものはいくらでもある。

藤田教授はニコニコ笑っている。

「大丈夫ですよ、それは水ゴキブリといって、姿かたちはまったく同じだけど、水のなかに住んでいて、その辺にいるゴキブリとはちがいますから」

と、フォロー（？）してくれたのは、さすがに私の表情に見かねるものでもあったのか……

（先に言ってよ！）。

さて、このとき、私がゴキブリを食べなかったら、藤田教授が依頼を受けてくれなかったかといえば、もちろんそんなことはないだろう。氏は純粋に原書の内容に共感し、出版の意義を認めて快諾したにちがいない。

が、それでも、とっさの自分の判断を私はけっこう大事なものだったと思っている。それは理屈では説明しにくいものだが、一瞬の間合い、のようなものである。

自分の趣味の話で恐縮だが、「明烏」という落語のなかに、真面目一筋、遊びを知らない息子を諭して、父親が「そんなことでは（おまえがこの店を継いでいざというとき）商いの切っ先が鈍る」というセリフがある。どんな仕事でも相手との「切っ先」は鈍らせてはいけないものなのだ。

藤田氏がつけ加えた。

「いろんな人に言ったけど、ほんとうに食べたのはあなたが初めてですよ」

私はなんとなくこの仕事がうまくいきそうな気がしていた。

心強い偶然

ずいぶんと長くなってしまった。以下駈け足でその後のことを。

無事翻訳を引き受けてもらったのが一九九七年の九月初め、刊行は翌九八年の五月だから、かなり順調な進行といってよい。多忙な教授のスケジュールを考えればできすぎである。

駈け足で、といいながら、また話は少し脇道に入って恐縮だが、この翻訳に関してはちょっとおもしろい裏話がある。

ある夜、私はボストン在住の日本人女性からの電話を受けた。私が受話器を取ったのはたまたまのこと。別に私を指名してかけてきたわけではない。

その彼女曰く、こちらでいま、とても話題のおもしろい科学絵本がある、ぜひ日本で出版してほしい、と。いうまでもない。Grosology のことである。

なんという偶然、と、私も驚いたが、それならもう刊行準備中ですよ、という私の答えに彼女もびっくり。しばしこの絵本について語りあったものだが、この女性、聞けば医学関係の仕事についていているいわば専門家。ならば、と、ベースになる翻訳づくりに手を貸してもらうことになった。忙しい教授の負担を少しでも軽減できるなら、というわけである（奥付にも翻訳協力としてクレジットを入れてある）。

もっとも、藤田教授はこの「下訳」をさらに原文と照らしあわせ、かなり細かい部分までチェックしていたから、その熱の入れかたは相当なもので、実際にどの程度「ラクに」なったかはよくわからない。

ただ、なんにしてもこの電話は私にはとてもうれしかった。自分と同じ考えの人がいてくれる、と、それだけで大きな味方を得たような気がして、それは勇気づけられたものだった（ちなみにこの女性とはその後もつきあいが続き、絵本を何冊か翻訳してもらった。そのなかには某児童文化賞の翻訳賞を受賞したものもある）。

ロングセラーに

ところで、翻訳は順調に進行したとはいえ、たとえば、八十ページという絵本としてはかなりのボリュームだけに、いかに定価を抑えるか、また翻訳によってふくれあがった文字量（ふつう英語を日本語にすると一・五倍になるといわれている）をかぎられたスペースにどうはめこむか、など、まだまだ難問がいくつもあった。

が、いずれもこの企画を面白がってくれた業務担当者やデザイナーに助けられ、そういった意味からも私は「味方」に恵まれていたと、いま、あらためて思う。このことは別のところでもまたふれたいと思うが、やりたいことをやるためにはいかに味方を増やしていくか、というのは大切なポイントであると思う。

ともあれ、「売れる翻訳者をさがせ」という部長の出した課題はみごとに成功したことになる。

藤田教授の「超清潔社会への警鐘」という思いと、この本の主張するところがうまく合致したこともあって、氏はさまざまな場を通じて絵本をアピールしてくれた。たまたまある週刊誌の記事のなかでも取り上げてくれて、それが発売日より幾分早かったために、担当販売部に問いあわせが殺到して混乱するという一幕もあった。

発売後ももちろんパブリシティーには全面協力。まんが雑誌の編集部の力も借りて、希望する地方の小学校に出向いての講演会（もちろん絵本の即売も）というようなこともやったりした。

おかげで初版七千部がその年のうちには四刷二万四千部というヒットになり、いま現在累計十五刷四万五千七百部（二〇一九年現在）というロングセラーとなっている。編集者にとってこれほどうれしいことはないのである。

以上が「きみのからだのきたないもの学」をめぐる顛末である。

企画のヒントはどこにでもある（飲み会の雑談がきっかけだった）とか、先入観ほどあてにならないものはない（絵柄はけっして嫌われはしなかった）とか、いくつもの教訓を身をもって体験したわけだが、最後に気をよくして出した続編（『どうぶつのきたないもの学』『きみのからだのきたないもの学～キモチわる～い編』）はさほどうまくいかなかったことも正直に告白しておこう。ヒット企画というのはそう安直なものではないのである。

3 原稿はなぜ遅れるのか？

——井上ひさし『子どもにつたえる日本国憲法』ができるまで①

思い返せば

前節で私は『きみのからだのきたないもの学』は翻訳ものなので、厳密な意味では「自前の企画」とはいえない、と書いた。その意味からいえば、ここで紹介する『子どもにつたえる日本国憲法』は最初の思いつきから企画書づくりなど、すべて私の手によるものだから、掛け値なしに「自前の企画」といえる。

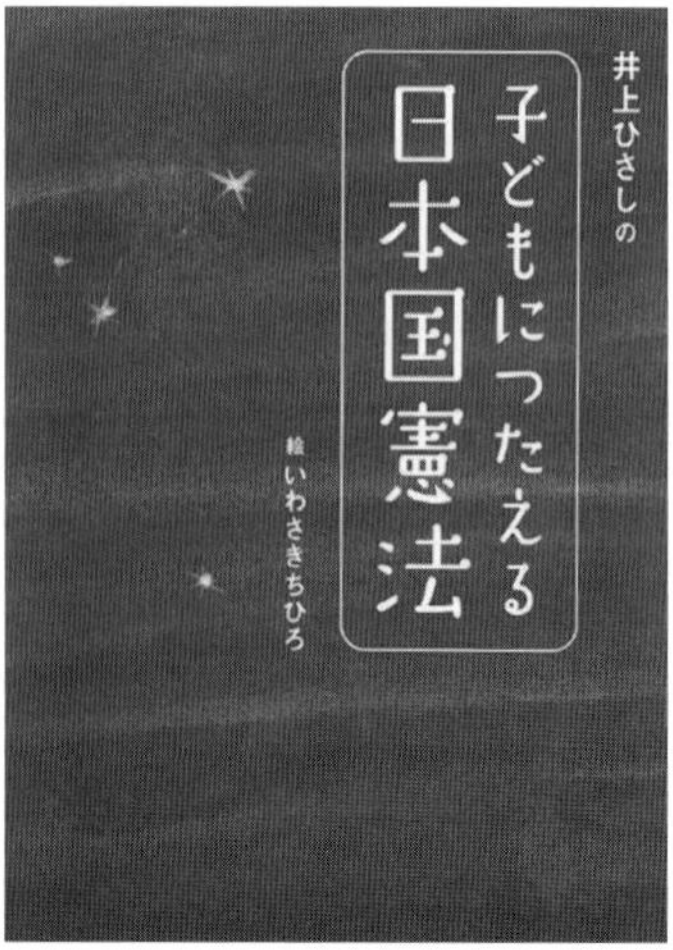

井上ひさしの「子どもにつたえる日本国憲法」いわさきちひろ／絵 講談社

ただし、こんどは具体的な編集作業には直接かかわっていない。依頼から原稿ができあがるまでに時間がかかりすぎて、私自身が現場を離れてしまったからである。その顛末を書いておこう。

と、いいながらこの企画、いつからスタートしたのかが、じつはハッキリしない。刊行当時取材を受けた際には、ハッキリしないまま、ちょうど区切り（？）もいいので「依頼から十年くらい」というような言いかたをしていたが、これはいささか正確さを欠く。生来の無精ゆえというべきか、きちんとした記録が残っていないために、そもそも井上ひさしさんに依頼の手紙を書いた時期がはっきりしないのだ。

今回、これを書くにあたって、なんとか特定できないものかと、当時の手帳を引っ張り出してみた。本題に入る前に、すこし「謎解き」におつきあいいただければ幸いである。

さて、いつ、私はこの企画を思いついたのか？　記録は残っていないが、私のなかに手がかりとなる断片的な「記憶」はある。

ひとつは仕事を終え、ある小さな居酒屋でひとり呑んでいたときのこと。絵本の部署に来てそう間もないころのことだったと思う。

前章でも書いたとおり、私は未経験の部署でなかなかプランが出ず、苦労していた。酔った頭だから、そんなにまとまったことを考えていたわけではないが、絵本ってなんだろう、とか、自分がやりたいことってなんなんだろうとか、そんなことをあれこれ思いめぐらせていたのだろうと思う。

ふと、カウンターにあった新聞を見ると、憲法についての集まり（それがどういうものだったのかはすっかり忘れてしまっているのだが）に関しての記事が載っていて、井上さんの写真もあった。

言うまでもなく、改憲論議は昨日今日はじまったものではない。時は九〇年代の終わり。「憲法改正」の勢いが激しさを増してきたころで、私にとっても無関心ではいられないテーマだった。大人ものの部署だったら扱ってみたい問題なのになあ……と、そのときのとっさの感想はそんなものだった。

が、ふと思った。それがその直後なのか、しばらくたってからだったのかは、これももはや忘却のかなたなのだが、憲法と絵本を結びつけることはできないだろうか、と。

苦しまぎれに無理やり、ふたつのものをくっつけただけではないか、と言われればそれまでだが、この気持ちが「企画」のきっかけになったことだけは確かである。

手元に残っている一九九九年の手帳の十月二十一日の頁に「絵本日本国憲法」とのメモがある。ふつうに考えれば、この日かその前日あたりがこの居酒屋エピソードの日、ということになるのだろうが、そうとすると異動からは三年も経っているし、前後に関連するような記述もなく、個人的な実感としてあまり釈然としない。

「奇跡」の電話

もうひとつの記憶は、井上氏に手紙を書き、着いたころあいを見はからって電話をしたときのことである（話は前後するが、「絵本日本国憲法」の思いつきは、「憲法を子どもにもわかるような現代語訳に」とかたちを変え、改憲・護憲の前にまずは広く憲法を皆に知ってもらいたいのだ、という依頼の手紙になった）。

前述したとおり、それが何年だったのかはハッキリしないのだが、時期だけは明確に覚えている。ボローニャの話をしたからである。

イタリアのボローニャでは、毎年春に児童書の大きなブックフェアがあり、講談社からも何人か児童局を中心に編集者が参加していた。ブックフェアについてはあとでまた別にくわしくふれたいと思うが、要するに翻訳出版のために海外のめぼしい本を探しに行くのである。

その年も私はボローニャに行くようにいわれていて、出発が近くに迫っていた。

一面識もない、しかも大人気作家への初めての電話で、緊張しまくっていた私だったが、意外にも井上さんは手紙の主旨に賛同してくれてあっさり引き受けましょう、といってくださった。で、くわしいことはお会いして、となり、ついてはボローニャ出張があるので戻ってきてから……というと、ボローニャへの思いには並々ならぬものがある氏はそれから一時間近く、初めての私にそのイタリアの小都市の魅力を語ってくれたのだった（のちに二〇〇八年、井上さんは『ボローニャ紀行』という名著を著すことになる）。

ところで、私が絵本の出版部に異動になったのは一九九六年の九月、ボローニャへの初出張は翌九七年の四月である。九八年には出張はなく九九年以降はイラク戦争で海外出張が禁止となった二〇〇三年を除いて、ほぼ毎年参加している。

つまり、この電話の時期はいちばん早くて九七年。例の「絵本日本国憲法」というメモが九九年にあることを考えれば、九九年、あるいは二〇〇〇年、ということになってくる。当時の手帳を見返してみても、二〇〇〇年の四月に私は帝国ホテルで井上さんとお目にかかっており、その後手帳には氏のお名前が際立って増えてくる。やりとりしたファックスの控えなどもみな、この二〇〇〇年の春以降である。

つまり、常識的に考えれば、おそらく私は一九九九年に「絵本日本国憲法」を思いつき、翌年三月に依頼の手紙を書き、電話をして四月に直接会って話が動きはじめた、ということになる。なるのである、が……。

いまひとつ自分でも納得しきれないのは、たとえば二〇〇八年の井上さんのインタビュー記事（ＪＢＢＹ会報所載）のなかに「依頼を受けたのは一〇年前」という記述があったり、他にももう少し前からやりとりをしていたことをうかがわせる言葉がいくつかファックスに残っていたりするからである。

いや、それよりなにより、その後の経験をもってすれば、そもそもボローニャの出張から四月の六日に帰ってきて十一日にすぐ会える（わがメモによればそうなっている）、なんてことがありうるのだろうか、ときわめて根本的かつ素朴な疑問が出てくるのだ。

いずれにしても、すべてはきちんと記録をとっていなかった私の不徳のいたすところ、これ以上の「謎解き」はあまりに本題とかけ離れてしまうのでこのくらいにしておこう。

ただ、ひとつ、これはいまでも「奇跡」としかいいようがないのだが、この初めての電話に最初に出たのが井上ひさし氏ご本人だったということだけは書き留めておきたい。

そのときは、こちらも井上宅に電話をするのは初めてのことだったので、そういうものかと気にもしなかったが、とんでもない。それ以降何度電話をかけたか数えきれないが、以後ご本人が出られることなど、ただの一度もなかった（ほとんどは秘書の方が対応してくれる）。もしあのとき直接話をすることができていなかったら……そう考えると（私は無神論者だが）この企画を後押ししてくれる「なにものか」の存在があったことを信じたくなってしまうのである。

作家と締め切り

いずれにしても『子どもにつたえる日本国憲法』の刊行は二〇〇六年の七月。二〇〇〇年の三月から数えても六年以上経っているわけだから、まあ時間がかかったものといってまちがいはないだろう。

もっとも、一冊の本ができるまでに何年もかかるということは、それ自体さほど珍しいことではない。流行作家に書き下ろしをお願いし、順番を待っていたらできあがったのは〇年後だった、なんて話もある。比較の対象にはならないが、手のこんだ編纂ものだったら何年越し、なんていうのもザラである。

いうまでもない、問題はかかった時間よりもその「内実」だろう。

実際、編集者泣かせの筆の遅い作家（書き手）というのはいるものだ。少女まんがの世界では、『ガラスの仮面』で有名な美内すずえさんなど、そのあまりの遅筆ぶりに締め切り時には担当者が三人ついたという。仕事場にはりついて催促しその場で写植を貼る担当者と、できたそばから会社に届ける担当、さらにはそれを受け取って印刷所に入稿する担当者、の三人だそうである。

いや、なにも少女まんが家の名前をだすまでもない。もったいぶったいいかたをしなくても、本件の当事者たる井上ひさしさんこそ、「遅筆堂」を自称するその代表選手である（その意味では、依頼を引き受けてもらえたからといって、すぐにでも原稿がいただけると思った私のほうが考えが甘かったのだが）。

「遅筆」のどこが編集者を泣かせるのか？

これまたいうまでもない、締め切りがあるからである。締め切りがなく、できたときに本にする、ということであれば、別段どれだけ時間がかかろうとなんの問題もない。

先にあげた流行作家に依頼して手の空く順番を待っていたら、えらく長い月日が過ぎてしまった、などという場合など、もちろんそれはそれでいろいろたいへんなことはあるものの、あまり胃の痛むようなことにはなりにくい。

遅筆ゆえの修羅場、というのは、だからたいてい雑誌連載にともなっておきてくるもので、いわゆる原稿が「落ちる」「落ちない」という騒ぎになってくるわけである。

井上さんの場合、遅筆堂の名前を高からしめたのは、雑誌連載というよりも（それはそれで担当者の苦労は並大抵ではなかっただろうが）演劇のほうだったと思うが、いわば芝居の初日というのが「究極の締め切り」。

幕が開かないとか、公演の中止、とかいう大騒動になってくるわけで（連載原稿が一本落ちても雑誌が出なくなってしまうことはない）その影響力の大きさたるや生半可なものではない。

テーマと発売日

さて、そこで『子どもにつたえる日本国憲法』の「締め切り」の話である。

書籍、それも絵本、となれば、雑誌と違ってそんなにシビアな締め切りはないのでは、と思われる向きもあるかもしれない。原稿のメドがたったところで発売を考えればよいではないかと……。

確かに、一般論からいえばそういえないこともないかもしれない。

しかし、とはいっても、どんな本にも売るタイミング、あるいは売りやすい時期のようなものがある。

単純な例でいえば季節の行事の絵本のようなもの。これはいうまでもなくその時期に間に合わなくては意味がない。クリスマスなら十二月二十四日、七夕なら七月七日と日が決っているのだから、そこを逃すわけにはいくまい。

また、そこまで極端でなくとも（これは少しでも売り伸ばしたいという涙ぐましい思いのあらわれでもあるのだが）どんな本でもなにかにかこつけて売れそうな時期というものを探すのがふつうなのである。

「憲法の絵本」然り、である。地味なテーマだけに、たとえば憲法記念日、とか戦争や平和について語られる機会の多くなる八月とか、なんらかのフックが要求されてくるわけである。

もちろん、雑誌の発売日とは異なり、幅のあるものだから、多少の融通が利かないわけではないが、それでも力を入れて「売ろう」という本ほど、とくに販売サイドからのそういった要求は強くなってくる。

社内外交

ところで、話はまたちょっと脇道に入るが、この企画に関して、私はかなり早い時期から営業サイドと接触している。井上氏と初めて会ってから半年後、まだ正式には企画が通ってもいない二〇〇〇年の十月のことである。

当時書籍の営業部門に同期入社の友人がふたりいた。ひとりは業務（原価計算など価格の設定などにかかわる）の児童書担当、もうひとりは書籍全体の販売の責任者である。

一夜、私はこのふたりを酒席に誘った。たまには同期で呑まないか、と言いながら、じつは今こんなことを考えているのだが、とこの企画について打ち明けたのだ。

こういうとき、同期のつながりというのは「便利」なものである。仕事上、お互いきわめて関連の強い立場にいながら、「公式的な」仕事の話ではない、あくまで「非公式な」「プライベートの」話、というわけだ。

営業担当者としての感想や意見をきくという目的ももちろんあったが、同時に、「どうだい、一口乗らないか」「力貸してよ」と、そんな思いも（口には出さなかったが）私にはあった。

なぜ、そんなことをしたのか？　一口でいえば、井上氏が依頼を快諾してくれ、ファックスのやりとりなども始まって、にわかに企画が現実味を帯びたためである。言い換えれば、これで企画が通らなかった、ではシャレにならない、というわけである。

一般に、組織のなかでなにかをやろうとした場合、大事なのは「味方」を増やしていくことである。それも、立場のちがういろいろな場所から賛同の声が上がってくること。本の企画でいえば、いくら編集者が熱弁をふるおうが、営業部門の賛成が得られないとなかなか厳しいものがある。まずは営業部門の要所を押さえることだ（その意味では大事なところにたまたま同期の友人がいた私はラッキーだったといえるのだが）。いわゆる「根まわし」というやつである。

こうしたやりかたについては、いかにも日本的、と、嫌がる向きもあるかもしれないが、なにかをやり遂げていく場合に、けっして恥ずかしいことでも避けるべきことでもないと私は思っている。むしろ必要不可欠なものといってもいいだろう（実際このころやはり私は当時の編集局長とも酒を飲みながらこの企画について非公式に話す場をもった）。

ともあれ、この「飲み会」は正解だった。手ごたえは十分。貴重なアドバイスもいくつかもらうことができたのだが、そのひとつが、発売時期のことだった。来年の憲法記念日には出したいね、と。

一年が二年、二年が三年に……――

こうして、いささか大仰にいえば「遅筆と締め切りの悲劇」の幕が開いたというわけである。

しかも、手応え十分、つまりは企画としての評価もよかっただけに、「やるなら社をあげて取り組むようにしよう」といわれ、ありがたいのはありがたいが、それだけ引くに引けない事態ともなってくる。

原稿ができても企画が通らなかった場合の心配どころではない、ここまで盛りあがって肝心の原稿ができませんでしたでは、それこそシャレにもならないのである。

幸い（？）憲法記念日（五月）が無理ならなんとか八月に、と、前述のとおり、「しかけどき」は一回ではないので、なし崩し的に締め切りは延びていくのだが（このあたりが書籍の融通のつくところといえばつくところ）、それも一年が二年、三年となってくると私のプレッシャーは半端ではなかった。

たとえばイラストを使用させていただいたちひろ美術館との関係（煩雑になるので詳述は避

けるが、もともと私の思いつき段階からちひろさんの絵が前提ではあったものの、それが正式な最終決定にいたるまでには紆余曲折があった)。

万一許可が下りなかったらたいへんと、かなり早くから入念な企画の説明と打ちあわせをしていたが、こちらも企画には大賛成していただいただけに、館のスケジュール等との関係から刊行時期には希望も出て、時間が経てば経つほど対応に苦慮せざるをえなかった(あまりに遅れたために一時は企画が流れたと誤解される始末であった!)。

こうした社内外からの「重圧」についてはいくら書いてもきりのないことだし、極めつけは後にとっておくことにして少し先を急ごう。

そもそもこの「憲法の絵本」、なぜそんなに原稿が遅れてしまったのか? 井上さんがなかなか書いてくれなかった。そのとおりである。

なぜか? なにが作家を「遅筆」にさせてしまうのか?

忙しさ。それもある。当時井上さんは複数の雑誌連載をもち、芝居の新作を手がけ、そのうえいくつかの賞の選考委員もされていた。

しかし、もうひとつ、ある種の「完璧主義」のなせる業ということもあったのではないだろうか。

氏が作品の執筆にあたって膨大な資料を読みこむことはよく知られているが、自分が書くべきこと(もの)の全体を正確につかまえなければ前へ進め(ま)ない、これは遅筆作家全般に共通して言える気がすることでもある。

先にも書いたように、私の井上さんへの依頼は「現行憲法の現代語訳」だった。改憲、護憲の議論の前に、誰もがまず読みやすいような「いまの日本語」に「翻訳」してほしい、と（ちなみに、この段階での仮タイトルは「子どもとお母さんのための日本国憲法」だった）。もともといたってアバウトな編集者の発想である。「現代語訳」に大それた意味はなかったのだが、氏の受け止めかたはちがっていた。

根底から取り組もうとすれば――

ファーストコンタクトから半年以上経過した十一月、氏はファックスでこう伝えてきた。

「『象徴』を子どもにもわかるようにいい日本語で表現できれば、あとは何とかなります」

そしてその二日後には「『権利』や『自由』も難物です。こういった鍵言葉《キーワード》を、どう、うまく「翻訳」できるか」とも。

つまり、こういうことだ。

象徴、権利、自由、平和、人権――憲法のなかのこういった言葉をそのまま使うなら話は簡単だが、それでは意味がない。これら抽象的な漢語をどう生き生きとした日常の日本語に言い改めるか、それが問題なのだ。

そもそも「権利」や「自由」などは元来日本にはなかった西欧の概念、right や liberty を

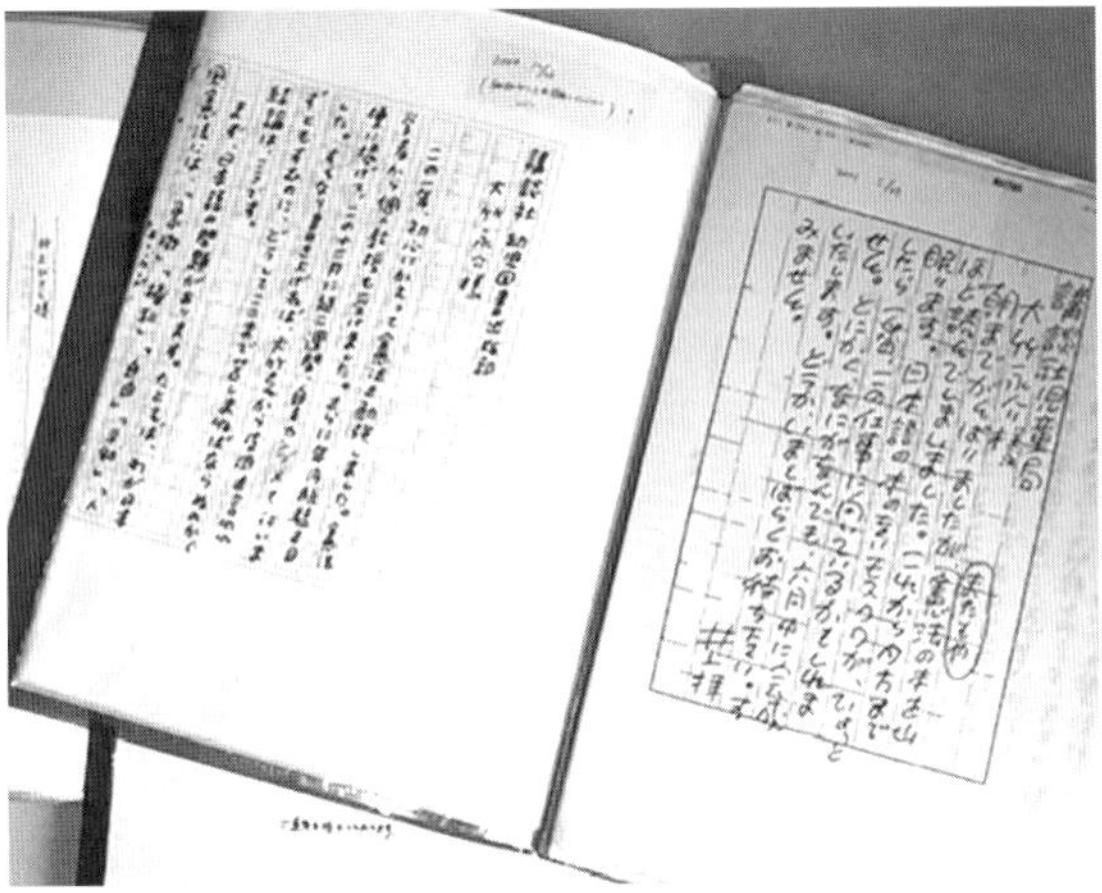
井上氏とやりとりしたファックスのファイル

明治期にどう日本語に置き換えようかと福沢諭吉や西周が苦労した挙句できた不完全な日本語。そこからいわば近代日本の「歪み」も生じてしまったのだ、と……。

これには私も思わず唸ってしまった。

作家というのはすごいものだ、いや、井上ひさしという人はなんてすごい作家なんだ！

断るまでもないと思うが、浅学非才、いたってアバウトな編集者である私の考える「現代語訳」のなかでは、「権利」も「自由」もそのまま使われてなんの支障もない言葉。堅苦しい形式ばった言いかたを、柔らかく読みやすくしてもらえれば……くらいの発想である。

しかし、氏の指摘はきわめてもっとも、根底的な問題である。なるほど、ほんとうに憲法を理解するためには、確かにそこまで行かなくては意味がないのだ（のちに私たちは日本に「立憲主義」や「民主主義」といった近代の普遍的概念がいかに根づいていなかったか、ということをイヤというほど見せつけられることになる）。

とはいえ、これは途方もない作業。原稿がなかなか進まないのも無理からぬことである。井上ひさしという作家の大きさに舌を巻きながらも、これではいったいいつになったら原稿ができるのか、と私はいささか茫然とした。

実際、この壮大な企ては、井上氏自身が「日本語の歴史の根本にふれる大問題」としながらも「憲法の現代語訳」にあたってはこだわるべきではない、と断念することになったが、そのときはすでに二〇〇二年の夏を過ぎていた。

もちろん、その二年以上のあいだ、後述するように、こちらも手をこまぬいていたわけではないが、それでも忙しさに加えて、著者の完璧主義というかこだわりが「遅筆」の大きな原因となっていたことはおわかりいただけるのではないだろうか。

4 書かない作家とストーカーの日々
――井上ひさし『子どもにつたえる日本国憲法』ができるまで②

類似の企画も――

さて、こうした原稿の遅れに、編集者はどう対していったらいいのだろうか。

雑誌連載などの場合は前にも書いたとおり、一作家の原稿のために雑誌の発売日が待ってくれることなどないから、ほんとうのデッドラインを越えてしまったら休載、いわゆる原稿が落ちてしまうわけで、それだけに（ふつうの）催促→居催促（押しかけていって横にはりつく）→カンヅメと、「修羅場」のせめぎあいも強烈なものがある。

ただし、これはいわば短期決戦。いったんその時期が過ぎてしまえば、ウンもスンもない。当該号は代原（代替原稿）でしのいで事務的に処理していくしかないわけで、あっさりしているといえばいえる。

ところがそれに比べて、書籍の場合はだらだらと締め切りが延ばせるだけに、編集の対応しだいで展開が大きく変わってくることになる。

ときどき思い出したように電話を入れ、ひたすら原稿のアップを待ちつづけてもいいし、さすがに業を煮やしてキャンセル、ということはめったにないにしても、そのうち連絡が間遠になって企画自体が自然消滅、ということだってありうる話。いわば担当者の、「覚悟」、というのが大げさなら気持ちしだいといってもいい。

もとより、私には企画を断念するという選択肢はなかった。すでに書いた社内外の「期待」（＝プレッシャー）ということだけではなく、なによりこれは私にはぜひとも実現したい企画だった。それは、大きな時代の流れのゆえんでもある。

憲法という、ともすれば政治的になりがちなテーマだけに、私としては、改憲・護憲の立場を越えて、まず、その意味を理解してもらいたいというのが基本的なスタンスだったが、この時期、二〇〇〇年以降の政治の動きは急激だった。

とくに二〇〇一年の同時多発テロを機に、国内的にも有事法制、イラク特措法、国民投票法などなどと、いずれも「結論ありき」の性急さ。とても「憲法」の原点に立ちかえって、などという雰囲気ではなかった。それだけに、私としては、いま一度なんとしても立ちどまって憲法についてだれでもが考えることができるものを世に出したかった。

加えて、類似の企画の話が聞こえてくるということもあった。

いまでこそ、憲法の「現代語訳」というのはそう珍しくもなく、それこそおばちゃん語訳、口語訳、方言訳と種々さまざまだが、私が井上さんに依頼の手紙を出したころはまだそういったものはほとんどなく、その点は氏にも評価していただいた部分だった。

それが、私と同じようなことを多くの編集者が感じはじめたのだろうか、たとえば長い歴史をもつ某総合雑誌が著名作家による憲法前文の（英語からの）翻訳を掲載したり（この依頼は当初井上氏のところにも来たそうである。もちろん氏は断ったが）、読者から「夢の憲法前文」を募集するという企画を打ち出したりと、さまざまな動きが出てきていた（ちひろ美術館からも「方言で語る日本国憲法」という本にイラストを使いたいという要請がきているのだが、と私に連絡があったが、もちろん私にそれを拒否する権利などあるわけもなく了承するしかなかった）。

「その気」――

原稿さえあがれば！「井上ひさし訳日本国憲法」はどこよりも強いものになるはず、という自信が私にはあったが、とはいえ、かたちにならなければなんの意味もない。私は気が気ではなかった。

企画をあきらめるつもりはなく、時間も切迫してくるとなれば、残る道はただひとつ、「催促」あるのみである。

しかし、「催促」とはなんだろう？　電話をし、手紙を書き、ファックスを送って「書いてください」とお願いする。それで書いてもらえるなら、ラクなものだ。

実際には電話をしても本人と話せることはまずないし、手紙やファックスを送ったところで、読んでもらえたかどうかの確証は得られない。

けっきょく、あたりまえの話だが、書くのは作家自身、編集者がどう頑張ったところで、本人が「その気」になってくれなくてはどうしようもないのである。

もちろん、「その気」にさせるべく、手紙にもファックスにも思いのたけをこめる。懇願、脅し、賺《すか》し……、が、しょせんそれらは「紙」を通しての話。直接顔をあわせて話すに如くはないのだ。

「ひとりのすぐれた作家を動かすためには、どんなおだても、脅しも、皮肉もすかしも、いっさい役に立たないものだということを身にしみて感じています」と私は井上さんに書き送ったことがあるが、これは長い編集者経験によって私が得た一般的な教訓のひとつでもある。

追いまわしつつ融通無碍に

とはいえ、座して原稿を待っていてもしかたがない。考えあぐねて私がとった方法はふたつ。実際にこれがどこまで効を奏したかは定かではないが、参考のために書き留めておこう。

まず、第一はなんとかして井上ひさし氏本人と会うように試みたこと。

スケジュールをすべて調べあげたわけではないが、講演会があるとわかれば聴きに行き、自作の芝居に行かれるときには同じ劇場に席を取った。

紀伊國屋ホールで、同行した息子、娘と手わけして氏を探し、身柄を「確保」したこともあったし、たまたま社の近くでシンポジウムに出ていることを知り、仕事を抜け出してタクシーを飛ばしたこともある。ほとんどストーカーのようなものである。

結果論とはいえ、通常の「催促」よりは多少の効果はあったのではないだろうか。

もうひとつ、これは私のアバウトさが、結果オーライになったようなものなのだが、とにかく「実現最優先」で中身を融通無碍《ゆうずうむげ》に変えていったということもある。

詳述するゆとりはないが、当初想定していた「全訳」から、現代語訳する条文も絞りこむことになり、それにともなって本文の構成も変わっていった。

いや、それどころか、一時は井上さんが信頼できる何人かで手わけをして訳すとか、「九条の会訳」にして氏の監修というかたちはどうか、という案さえ提示した。

憲法学の泰斗の研究室を訪ね、「下訳」のようなものができないかと相談しに行ったこともある（さすがにそんなのだめですよ、と一蹴されたが）。

雑誌連載のようにハッキリした「締め切り」がないのがいけないのだと、絵本出版部が月一で出していたメールマガジンでの連載を提案したこともある。

いずれもいわば苦しまぎれのようなものだから、少しも自慢になった話ではないのだが、それでもそのつど注意を喚起し、それがダメならこれ、これがダメならあれ、と著者を「追い詰めて」いくような効果はあったような気がする。

それは編集者の側から言い換えれば、手持ちの「いまある材料」からどうすれば一冊の本に仕上げられるかと、工夫をこらすことにもつながり、それだけ企画が練りあげられていったことにもなる、といっては手前味噌が過ぎるだろうか。

『朝日小学生新聞』と組もう

ともあれ、こんな「応酬」をしあいながら二〇〇五年になった。

前年の十月には井上さん自身から「刊行時期は来年がベスト」「これ以上この企画を遅らせるのは国民的損失」だから「単独訳は断念する」というファックスをもらいながらもその月の終わりに直接会う機会があり、なんとか今一度憲法に集中する時間をとることで再チャレンジしようということになっていた。

しかし、前にも少しふれたように、当時の井上さんの多忙さは半端ではない。主戦場の芝居の世界で「円生と志ん生」「箱根強羅ホテル」「夢の痂」と力作を立てつづけに書きおろしていたころである。少しずつ進んでいるらしいという秘書の方からの伝言があったきり、やはりこちらの原稿のあがってくる気配はない。

さすがの私も煮詰まってきていた。当時、私たちの手元にあったのは前文と九条の井上訳のみ。ここからどんな手立てがあるというのか。

私は現場のスタッフ（話は前後するが、井上氏に依頼して間もなく私は部長の辞令を受け現場を離れていた。氏との交渉は引き続きしていたものの、細かい実務的な部分は若い部員とべテランのフリーランス編集者に委ねていた。最終的な本書のできばえのすばらしさは、ほとんどがこの優秀な二人のおかげである）と相談をし、腹をくくった。『朝日小学生新聞』と組もうと思ったのである。

それまでも仕事のうえでおつきあいのあった『朝日小学生新聞』に、井上ひさしさんが直接読者である小学生に憲法について「講義」をする記事を連載として掲載してもらう、という企画をもちこんだのだ。

生徒となる小学生の選定は新聞社にお願いし、「講義」のセッティングや記事作りはこちらサイドで責任をもつ。もちろん、終了後は「現代語訳」とともにまとめて一冊の本として刊行する。

なかなか進まない条文の訳よりも、このほうがむしろよりわかりやすく憲法の精神を伝えられるだろうし、なにより「連載」という枷を加えることで、著者の背中を強く押そう、というわけである。

断るまでもないだろうが、これはひとつの賭け（バクチ）である。『朝日〜』がのってくるだろうという成算はあったが、それだけに、この申し出に井上さんからノーと言われてしまったら、それこそ責任問題にもなりかねない。

腹をくくった、といえば聞こえはいいが、こちらも追い詰められていた、というほうが正しいのだろう。

刊行のタイミング、社内事情、それは単なる期待やプレッシャーというだけでなく、「全社を挙げて売っていく」ための部署間の連携やしこみを考えれば、待つことにも限界があった。また、さらにいえば、私の年齢的なこともある。この年、私は五十代も後半、定年まで指折り数えられる年になってしまった。

もっとも、長く編集の仕事をしていると、何度か「いまだ」と思うような瞬間があるのも事実。「この機を逃したら二度とチャンスはないだろう」と、それはなんの合理的な根拠もない、言わば一種の「カン」のようなものなのだが、このときもそれに近い感覚が確かにあった。

五月二十五日、私は一ヵ月以内に執筆のための「カンヅメ」の日程を設定するか、さもなくば『朝日小学生新聞』の連載を承諾してほしい、というファックスを井上さんあてに送った。「最後通牒」といえるほど、こちらの立場は強くない。退路を断って無理やり自分を鼓舞しているようなものである。

そして一ヵ月、案の定（？）連絡はなく、六月もあと二日を残すだけとなった。タイムリミットである。

私は刊行を翌年（二〇〇六年は憲法制定六十周年の年である）の夏（八月十五日をにらむならば七月の下旬には出す必要がある）と考えていた。いまから月一の小学生新聞での連載を準備すれば、ギリギリなんとかなるはずだ。

そのためには、直接あたって説得するだけ……。いわゆるアポなし訪問、の覚悟を決めたわけである。

井上邸を訪ねるのは初めて。頼りは住所だけである。それとなく事前に電話をして、その日は井上さんが在宅だということだけは確認しておいたが、もとより成算があったわけではない。私は門前払いをされたときのために用意した封書を懐に鎌倉駅前からタクシーに乗った。

井上邸は高台にあり、車はここまでしか行けないから、と私はタクシーを坂の下で降ろされた。

夕方の四時半ごろだったろうか。よく晴れた日で、夏至を過ぎてまだ間もないころだから空も明るく、遠くに小鳥の声が聞こえていた。抱えている案件のわりには私はなぜかひどく伸びやかな気持ちだった。

結果、郵便受けに入れるつもりだった封書は使わずにすんだ。

インターフォンを押すと、意外にもあっさり私はなかに招じ入れられ、ほどなく奥から井上さんご自身があらわれた。

妙な言いかただが、いざ直接顔をあわせると、いまさら言うべきことはほとんどない。用件も、こちらの言いたいことも、すべてわかっているのだ。

「そろそろお願いします。このままじゃ本が出ないうちに定年になってしまいますよ」

私はつとめて軽い口調でいった。横にいた奥様が「あなたそれ待ってるんじゃないの」と、絶妙のタイミングで突っこまれて、私は思わず吹き出してしまった。

「わかりました」と井上さんがいわれた。「小学生新聞での連載、やりましょう。あとのスケジュールはOさんと相談してください」

Oさんとは氏が全幅の信頼を置く秘書の女性である。スケジュールの調整をお任せすればほぼまちがいない。

それからしばらく雑談をし、おいしいコーヒーをご馳走になって私は井上邸を辞した。晴れ晴れといい気持ちだった。じつは、ほんとうに胃の痛む思いはこれからだったのだが。

『井上ひさしの子どもにつたえる日本国憲法』（企画段階では一貫して「子どもとお母さんのための……」だったタイトルは、販売部の「読者を限定してしまう」という意見を容れて最終的に変更となった）の初版発行は二〇〇六年の七月二十日。この井上邸訪問から約一年後である。

なんとそこには同行者が――

『朝日小学生新聞』のための井上さんの「憲法講義」は第一回目こそ八月の末に会社の会議室を使って開かれたが、その次はというと翌年の二月下旬。これひとつをとってみても、けっして平坦な一年間ではなかったことがおわかりいただけるだろうが、あまりに煩雑になるので、ここでは強く記憶に残っているふたつのエピソードを紹介して、この長い話のしめくくりとしよう。

ひとつは二〇〇六年の五月三日。憲法記念日のことである。刊行日からさかのぼること二ヵ月半ほど前。当時、本書の進行がどうなっていたかというと、現代語訳による前半の「絵本」部分と子どもたちに語った「憲法講義」を中心にまとめた「お話」部分による二部構成という原型はできていたものの、最後の詰めである原稿の最終チェック、「はじめに」と「あとがき」の原稿、さらに細かいことをいえば、巻末に主要参考文献として掲げる書目のリストがまだもらえていなかった。

しかも、前半の「絵本」部分については、何度目かの編集ミーティングのなかで（進行にあわせて本の構成がしばしば変わったことは前にも書いたとおり）条文を前文と九条だけに絞ろうということになったのだが（それまでは九十七条の訳も入れようとしていた）、最終的な了解はとれていなかった。

九十七条は「基本的人権の本質」、井上さんがもっとも大切に考えていた部分でもある。結果的には「お話」の部分に入れることによって、より子どもたちに伝わりやすいかたちにできたとは思っているが、もちろんこの段階、著者に無断で変更するわけにはいかない。

四月中旬、私は井上さんあてに最終構成案にたいする了解と原稿の執筆をお願いするファックスを送っている。

が、連絡は来ない。もう少しくわしくいえば、三月一日付のファックスを最後に井上さんからの連絡はいっさい途絶えていた。状況は数年前とまったく変わっていないのである。

もっとも、これには無理からぬ事情もあって、このころ、氏は新国立劇場での六月公演、東京裁判三部作「夢の痂」執筆の真っ最中だった。

で、五月三日である。こちらの事情も切迫している。発売日は七月下旬、社内各部署の期待も高く、おのおのその日を見据えて動きを活発化させている。私もまた、何度目かの「直談判」を試みるしかないところまで追いこまれていたのである。

この日、井上さんは新宿の紀伊國屋ホールで小沢昭一さん、永六輔さんらと「この日、集合」と題するトークショーに出演することになっていた。憲法記念日にふさわしい、ナイスメンバーによるトークイベント。仕事を離れて楽しみたいところだが、そんな呑気なことをいっている場合ではない。井上さんを「つかまえる」のに、これを逃す手はないのだ。

私はイベントの終了を待って楽屋に行き、無理をいって早くから店を開けてもらった、ホール近くのなじみの料理屋に井上さんを連れ出した。一時間でいいですからこれからの打ちあわせを、といって。

氏もまた、芝居の打ちあわせがあるがその前に少しだけなら、と、店に行くことを同意してくれて私はまずはホッとしたのだが……。

なんと、そこにはF氏という同行者がいたのだった。新国立劇場のプロデューサー氏である。

時間にして小一時間、といったところだっただろうか。こちらの現状とお願いごとをあらためてくりかえし、もちろん直接伝えることができた分、それはそれでムダだったとは思わないが、ほとんどの時間はF氏との打ちあわせに費やされた。

井上さんは芝居を書く際に大きな物語の見取り図を作ることで知られているが、そのさながら絵図面のような「巻物」を間にしてのお二人の話を洩れ聞いていると、どうやら台本の完成にはほど遠いようす。初日は確か六月（翌月！）の末のはずだったが。

これはさすがに口をはさめない。当方の刊行予定は七月下旬。どう考えても優先順位は向こうのほうが上である。

けっきょく私はスケジュールについて念を押すのが精一杯、芝居の関係者との打ちあわせに移動するお二人をタクシーに乗せて見送ることとなった。

なんとお人好しな、と思われるだろうか。しかし、くりかえすが、舞台の初日はこちらの刊行予定日より一ヵ月も早いのだ。井上芝居傑作の誕生の足を引っ張るわけにはいかないではないか！

私は店に戻り、無理をきいてくれた女将に礼をいい、ゴールデンウィーク真っただ中のまだ明るい新宿の雑踏を眺めながら、その日はじめてのビールを飲んだ。

なんとかパズルは仕上がった――

さて、いよいよ大詰め、最後の一山である。

六月も二十日を過ぎ、刊行予定日（このころには正式に七月二十日として書店、取次へも通知済）まで一ヵ月を切った。状況は五月三日時点となにも変わっていない。芝居のほうもまだ上がっていないようす、非常事態である。

六月二十一日、私は芝居の台本が上がりしだいお渡しください、として、秘書の方にファックスを送った。現状を報告し、約束どおり（さすがに芝居さえ上がればとの約束は取りつけてあった）二日間の「カンヅメ」の日程を出してほしい、と。会社に来てもらい、宿泊は近くのホテルをこちらで手配するつもりだった。

念のため書き添えておけば、この段階で、私たちはできるかぎりのことを先行して済ませていた。表紙のデザインはもちろん、井上さんの原稿の確定している部分など入稿できるところはすべてゲラの段階にして、色味のチェックなど、済ませられるところは済ませていた。

パズルの残るピースは氏の最後の文字チェックと、「まえがき」「あとがき」の原稿だけ。これを称して外堀は埋めた、というのか、背水の陣というのかはわからないけれど。

結果的に、氏の意向でホテルの「カンヅメ」はなくなり、社の会議室にこもっての日帰り作業となった。六月二十九日のことであった。

なんとかパズルは仕上がったのである。

七月十六日、『井上ひさしの子どもにつたえる日本国憲法』は一般書店での発売を前に鎌倉九条の会主催の講演会会場に製本所から見本が直送された。最終入稿から二週間ほどでの離れ業であった。

「第4回吉里吉里忌」（2018年）での朗読の会「星座」による群読　写真提供／吉里吉里忌実行委員会

書店での全国一斉発売は七月二十日。社内あげての協力のおかげもあって、いまはなき池袋リブロの新刊コーナーが全面青い表紙で埋まっていたのを、私はいまでもよく覚えている。

初版は三万部。紀伊國屋ホールでの刊行記念イベントから関西テレビへの生出演、書店でのサイン会、さらには週刊誌での対談等々と、井上さんは発売後のパブリシティにも全面協力してくださり、読者の反応も上々で、その年のうちには十万部を超える大ヒットとなった。

いや、刊行後十年を超えるいまも版を重ねていて、昨年（二〇一八年）の四月、山形で開かれた吉里吉里忌のテーマは「大人が学ぶ『子どもにつたえる日本国憲法』」。

山形の演劇人や学生、地元の人たちが大勢でテキストを朗読する「群読」なる催しもあって観客席にいた私は感無量であった。

長い長いお話もかくして落着。最後におまけをひとつ。

刊行後しばらくして件のＦ氏とお会いする機会があった。憲法記念日の新宿での思い出を話しながら、「無事幕が開いてよかったですね」といった私に、氏は笑いながらこう返したものである。

「いや、私はあなたの本は絶対出ないと思っていましたけどね」

なるほど、それが「常識」というものかもしれない。

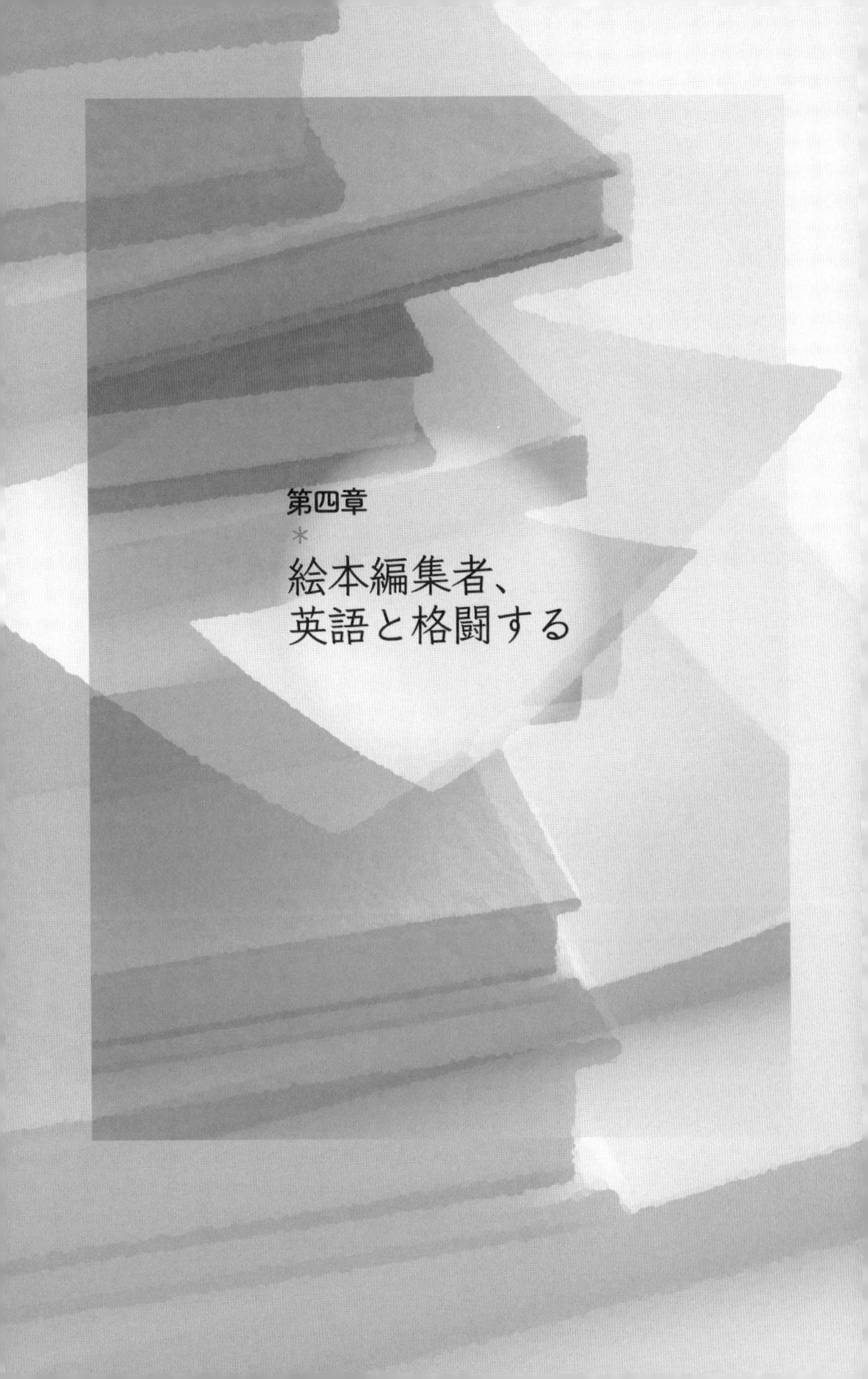

第四章

＊

絵本編集者、英語と格闘する

1　ブックフェアの光と影

世界各地で

これまで書いてきたように、私の編集者としての経験は少女まんがと子どもの本。雑誌と書籍という違いはあるものの、ともに基本的には「作家」を相手にした仕事だから、本質的に大きなちがいはないとも言える。

同じ編集といっても、たとえば『週刊現代』とか『文藝春秋』とかのいわゆる「ジャーナリズム」系の雑誌、あるいはファッションや美容などの雑誌とではかなり要求されるものも仕事の進めかたも異なるだろうが、残念ながら私には経験がないので、それについて語ることはできない。

ただ、ひとつ私の経験のなかでも通常の編集の仕事とは若干趣きのちがうものがあって、それは「海外」での仕事、ブックフェアに関連するものである。そのことを少し書いておこう。

先にイタリアのボローニャで開かれる児童書のブックフェアについては少しふれた。ただ、ブックフェアは、これだけ、というわけではない。

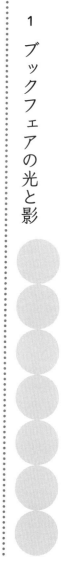

毎年秋におこなわれる有名なブックフェアにドイツのフランクフルトブックフェアがあり、これは児童書にかぎらず、すべての本が対象。世界最大規模といわれている。

その他にロンドンや北京でも開かれていて、ここ二年ほど開催が見送られているが、東京国際ブックフェア、などというものもあった。

とはいえ、春、秋、ちょうど半年くらいのインターバル、ということもあって、このボローニャとフランクフルトが二大ブックフェア（実際ボローニャの別れ際にはたいてい次はフランクフルトで、と言われたものだった。こちらはフランクフルトのほうは毎年行くわけではなかったが）といってまちがいはないだろう。

私が参加したのもこのふたつで、ロンドンや北京には何度か誘われたが、行ったことはない。興味はあったが、海外出張はそれなりの経費がかかるし、時間もとられるので、そうたやすく行けるものではないのである。

「版権ビジネス」の場

ところで、そもそもブックフェア、とはどんなものなのか？

一言でいえば「版権ビジネス」の場である。

会期中には一般の人も入れる日が設定されているから、モーターショーならぬブックショー（見本市）にはちがいないのだが、出版関係者にとっては基本的には「商売」の場、版権、つまり本を出版する権利の売買の場所なのだ。

要するに世界中の出版社が集まって、自分のところの本を（他国に）「売りこみ」、また、商売になりそうな他国の本を「買いつける」、ということなのだが、ことわれわれ編集者にとっては前章にも少し書いたとおり、「翻訳出版」できそうな本を探すことが、その主たる任務である。

いや、こと日本にかぎって言えば、「編集者にとって」というより出版界全体が「買い」を主目的としていた（あるいはいる）といったほうが正確かもしれない。

日本の書店の店頭と、たとえばアメリカでもフランスでもどこでもいいのだが外国の書店の店頭とを思い浮かべていただければおわかりのとおり、日本の出版は圧倒的に輸入超過。つまり海外の版権を買うことはあっても、日本の版権を売る（または売れる）ケースはそう多くない、ということである。

実際、私が初めてボローニャのブックフェアに参加したのは一九九七年のことだったが、当時社から出張していたのは編集者とそれをサポートする国際部門（国際室という名称だった）のスタッフだけ。自社の版権を「売る」業務はしていなかった。社に正式に「国際ライツ」という部署ができ、自社のコンテンツの海外販売に積極的に取り組むようになったのは二十一世紀に入ってからのことである（この背景にあるのは日本の「まんが」の威力である。現在でも、まんが以外の作品を海外に売ることはなかなかむずかしい）。

なお、誤解のないように補足すれば、日本の作品（小説にしろ絵本にしろ）の海外での出版が昔はまったくなかった、というわけではない。専門のエージェントもあったし活動もしていた。あくまで比率というかバランスの問題である。

さて、それではブックフェアにいって編集者は具体的にどんな仕事をするのか？　本節では、私がもっとも多く参加したボローニャブックフェアの話を中心に書いていくことにする。お断りするまでもないとは思うが、これもあくまで私の経験。会社や編集者によってやりかたはさまざま、一律でないことはお含みおきいただきたい。

実質三日間でなにをするか

まず会期は四日間。このうち何日参加するかはもちろん自由なわけだが、私（たち）は基本的に初日から最終日まで仕事をしていた。海外の出版社で最終日を待たずブースを閉めてしまうところもあったし、最初の二日間だけ参加して帰ってしまう編集者がいるという話も聞いたことがある。

もっとも、最終日は片づけなどもあるから、実質的には初日から三日間が勝負、というのが実状である。

講談社の場合は社としてのブースを出していたから、そこが仕事の拠点となる。自社の本を展示し、椅子とテーブルも何脚か置いておく（オープン前日はこのブースの設営が一仕事なのだ）が、これはもっぱら「売り」を担当するライツ部門のスタッフがミーティングに使うもの。編集者のほうはこちらから相手の出版社のブースに出向くのが原則である。

一日のうちに訪問する会社は平均すると八社くらいだろうか。これもやりかたしだい、考えかたしだいである。

一回のミーティングはだいたい三十分くらいだから、朝からびっしり入れる気になれば十社以上相手にすることも可能だが、移動に時間もかかるし体力的にも負担は大きい。

私が中心になって動き出した当初は、根が貧乏性というか、少しでもいいものを見落とさないために、と、かなりびっしり予定を入れこんだが、さすがにバテてしまうのと、もう少しフリーにあちこち見てまわる時間も必要ではないかとの反省もあって、後半はだいぶ間をあけたり、アポをまったく入れない時間帯を作ったりもした。アポ以外の仕事の重要性についてはあとでまたふれよう。

アポイントメントは基本的に日本で事前に決めておく。出版社と直接やりとりして決まる場合もあれば、タトル・モリとかユニとかいった海外著作権のエージェント経由の場合もある。最近は電子メールがあたりまえだから、つきあいのある海外の出版社からはフェアの前だけでなく、しばしば情報が送られてくる。

私たちの場合、ブースにはイタリア語を解するボローニャ在住の日本人女性が受付スタッフとして常駐してくれていて、彼女に会期中の予定一覧表（○月△日、10：00　A社、10：30

B社……というようなもの）を渡しておく。

ブースには不意の訪問者もあるから、当該の人間が不在の場合、彼女はその表を見ながら、いつごろだったら空いているからと再訪の時間を指定することになる。

なお、たいていの場合編集者はペアで行動していたが、一人ずつ手わけすることもあったし、絵本と読みもののようにジャンルがちがう場合には単独行動もあるから、参加しているメンバー全員の予定表が必要になるわけである。

興味のあるものには

さて、そこで打ちあわせの中身である。

指定の時間に相手先を訪れる。各出版社のブースはたとえばH29 A12というようにアルファベットと数字で表記されていて、これは29番ホールのAという通路の12番スタンドという意味。会場内には、主なものだけでも四～五棟のホールがあるから、場所によっては移動に時間もかかる。うっかりすると間に合わない！　と、とんだ大騒ぎになることもある（もっともフランクフルトの規模はボローニャの数倍、会場内を連絡バスが走っているくらいだから、それに比べれば知れているというものだが）。

先にも書いたとおり、一回のミーティングは原則三十分。だいたいその時間内には終わるのだが、もちろんなかには長引くものもあって、その後になってしまうと、前が終了するまでしばし待たされる、ということもある。

もっとも、待たされるくらいならまだいいほうで、レアケースとはいえ、ダブルブッキングでミーティングが不成立なんてこともあったりする。

私が経験したもっともひどいものは（最終日のことだったのだが）、訪ねてみるとスタンドは片づけの真っ最中、「その担当者はもう国に帰った」と言われたことだ。まあ、これはさすがに極端な例だが。なお、念のため付け加えれば、私たちが会う相手は「版権の販売担当者」。彼らはそれこそ三十分刻みでびっしりと予定を入れている。

ミーティングが始まる。挨拶をして名刺交換、「五歳児向けくらいの絵本を探しているんだが」など、最初に目的をはっきり言う場合もあれば、とにかく新刊を見せてほしい、と大雑把に始めることもある。こちらの考えかたしだい、また、先方のやりかたしだい、でもある。

出版社によるが、一回のミーティングでかなりの数の新刊見本を見せられる。たいていはまだ本になっていないいわゆる「カンプ」の状態である。

日本とちがい、欧米の出版社は毎月のように新刊を出すわけではなく、だいたい年に二回、春秋に刊行するというのが通例。まだ本にならない段階で新刊を紹介するのは、コープロ（CO-PRODUCTION）という共同制作の形態（絵本の場合テキスト部分のスミ版だけを入れ替える）をとることによって部数を多くし、コストを下げようという目的もある。

ともあれ、この見本を見て、興味があるとか、ないとかいっていくのが編集者の仕事。

興味のあるものはサンプルをあらためて送ってもらうよう頼む。出版社から直接来る場合もあれば代理店経由の場合もあるが、フェアが終わって一、二ヵ月経つと、会社に続々とそのサンプルが集まってくるというわけである。

だいたいがフェア中は、海外に出ているという環境のせいか、一種の躁状態にあって、しかも日本人の国民性なのか、ノーというのをはばかるようなところもあるために必要以上のサンプルを頼んでしまうのが常。あらためて日本のオフィスで山のようなサンプルを前にすると、「誰だ、こんなたくさん頼んだ奴は！」と、あらぬことを口走ってしまうことにもなりかねない。

この集まったサンプルをもう一度フェアに参加しなかった人間も含めて回覧し、検討会議を開いて絞りこんでいく、というのが私たちのやりかただった。もちろん会社によってやりかたはさまざまだろう。

絞りこまれたといっても、正式にオファーを出し、条件が折り合わなければ翻訳出版までにはいたらないわけだから、ブースで見た段階からすれば、世に出るのはほんのわずかというわけである。

契約に際しては、先ほども述べたようにコープロを指定される場合、データ（昔ならフィルム）を買って日本で印刷し、ロイヤリティ（パーセント）を払う場合と、さまざまだが、このあたりのことを説明しはじめると、かなり複雑になってくるので深入りしないようにする。

いずれにしても最終的に出版契約を交わし、翻訳書として刊行されるまでには長い道のりがあるわけである。

英語と歩きでダイエット？

フェアでの共通言語は英語である。私がフェアに行きはじめたころは、先にも少しふれた国際室の英語の堪能なスタッフが通訳についてくれたが、途中から国際ライツと名前を変えて、編集のサポート部門から完全な営業部隊になったため、編集者は英語も自立すべし、とお達しが出た。早い話が自分たち（通訳なし）でやりなさい、というわけだ。

社内の語学研修制度を使って英会話の学校に通ったり、にわか勉強でなんとか簡単なやりとりはしのいだものの、こみ入った話のときには別途通訳の方をお願いせざるをえず、言葉の問題では最後まで苦労させられた。

そんなこともあって、後輩の編集者たちに私は折にふれて英語力の必要性を説いてきた。ただ、これはよく言われることだが「英語ができるけれど編集能力のない者」と「編集能力はすぐれているが英語のできない者」とを比べたら、いうまでもなく必要なのは後者。その点だけはくれぐれもまちがえないでいただきたい。

ともあれ、英語で次々紹介されていく新刊を、かぎられた時間のなかで瞬時に判断していくのは、なかなかきついものがある。

絵本の場合などはある程度絵を見れば判断がつくが、読み物、小説のたぐいとなるとそうはいかず、少ない材料で言葉は悪いが「ヤマカン」に頼るようになってしまう。もっとも、『きたないもの学』の項で書いたとおり、絵本にしても、絵柄の先入観で判断するのは危険なことではあるのだが。

こんなミーティングを一日八件とすると四日で三十二件、移動はすべて歩きだから、万歩計でもつけていたら一気に数字が稼げるというもの。仕事で海外に行けるなんていいですね、などとよく言われたものだが、どうして、けっこうな重労働なのである（実際、私はブックフェアが終わるとだいたい二〜三キロは体重が減っていたものだ）。

魅力は尽きず

さて、ブックフェアは「版権ビジネス」の場である、と書いたとおり、ミーティングがフェアの仕事のほとんどを占めているといってまちがいないのだが、それだけではおさまらないところにブックフェア（ここではとくにボローニャ）の魅力がある。そのことを最後に書いておこう。

ボローニャブックフェアの魅力とはなにか？

それは、児童書関係者の祭典である、ということだ。会期中、それこそ世界中から関係者が集まる。それは出版社だけでなく、作家も画家も、翻訳者も、研究者も……いや、むずかしい言いかたをしなくても、子どもの本が好きで、興味と関心のある人たちが年に一度このイタリ

ボローニャブックフェア会場　撮影／松岡希代子

アの町に集うのだ。

会期中には会場内のセンタースペースで「ボローニャ国際絵本原画展」が開催され、フィクション、ノンフィクションの部門にわかれて入選作が展示されている。十六歳以上の世界中のイラストレーターを対象に募集され、選抜されたもの。例年日本人イラストレーターもかなりの人数が入選していて、日本でも巡回展が開かれている。毎年参加国のなかから主賓国をひとつ選び、その国の著名なイラストレーターなども含んだ特別展もあって、それを見るのも楽しい。

また、フェアに参加している出版社の絵本を対象にした、ボローニャ国際児童図書賞（ボローニャ・ラガッツィ賞／Bologna Ragazzi Award）なる賞もあり、その授賞式も会期中市内の施設を使っておこなわれる。出版社にとっては、この賞をとることはひとつの憧れなのだが、なかなかハードルは高い。私自身は一度だけ、『ルウとリンデン　旅とおるすばん』（小手鞠るい・文　北見葉胡・絵）という作品で受賞したことがあり、そのときの感激はいまも忘れがたい。

先にアポイントの予定を入れすぎて反省した、という意味のことを書いたのも、こういったものに目を向ける余裕を失ってしまってはいけないと思うゆえである。

もっといえば、なにもそうした「公式行事」にかぎったことではない。会場内のそこここではイラストレーターや作家を招いてのトークイベントをやっていたり、著名な編集者に絵を見てもらおうと長蛇の列ができていたりする。夕方になるとワイワイ簡単なパーティーをやっているスタンドもある。ぶらぶらとそれらを眺めてまわるのもおもしろいし、気になったところを覗いてみれば、思いがけない発見があったりするものなのだ。

人間が醸し出す「空気」

私は、初めてボローニャブックフェアに参加したときの感動と驚きをいまでも鮮やかに思い出すことができる。

初めてのイタリア、という高揚感も手伝っていたのだろうが、その明るさと解放感と、なによりそこに集まる人たちの熱気に圧倒された。

世界中にこんなにもたくさんの子どもの本がある。イタリアにはイタリアの色遣いとデザイン性があり、フランスにはフランスのカラーがある。それらを見てまわることは、それだけで新鮮であり、エキサイティングな体験であった。

そして、それらを愛し、その制作に真剣に向き合っている大勢の人たち。とりわけ私が驚いたのは、会場内を大きな原稿を抱えて歩くイラストレーター（の卵）たちの姿だった。世界中からこのフェアに集まり、自分の原稿（ほとんどは絵）を売りこもうと各出版社を訪ねるのだ。

もちろん、講談社も例外ではない。多くの「持ち込み」希望者が訪ねてきて、私は時間の都合がつくかぎり彼らの相手をすることにしたが、なかにはすでにヨーロッパで出版経験のある（つまりプロということだ）イラストレーターもいたりする。ならば、わざわざ日本の出版社にもちこまなくても……と思ったりするのだが、彼らはひとりでも多くの編集者に見せ、チャンスを得ようとするのだろう、そのエネルギーには感心させられ、逆に教えられるところが多かった。日本人イラストレーターもこの点はおおいに見習うべきものがあるのではないだろうか。

この「持ち込み」に関してはまた別のところでもふれることになると思うが、いわば、こうしたものすべてを含めてのブックフェアだということだ。

ブックフェアがシビアなビジネスの場であることを私は否定するものではない。また、インターネットの発達した現在、新刊情報もやりとりも、すべてネットとメールで済むではないかという意見があるのも、理解できる。

しかし、最後はやはり「人間」なのである。人間が醸し出す「空気」にふれるかどうか、それを生身の身体で感じるかどうか。それがどれほど豊かで大事なことか、いまでも私はブックフェアに参加するという後輩にはこう言うことにしている。

「ブックフェアは子どもの本のお祭り。それを全身で感じとってきてほしい」と。

2 雪のスイスのスパルタ合宿!?

『にじいろのさかな』

私がかかわってきた少女まんがや児童書の分野にかぎらず、一般に編集の仕事で海外に行く機会というのはブックフェアというような特別な場合を除いてそう多いものではない。バブルの時代のファッション誌や情報誌では、スポンサーがついてずいぶん派手な海外取材もあったようだが、最近ではあまりそういう話も聞くことはない。

作家などの海外取材への同行もそう頻繁にあるものではないし、海外での事件や事故などの取材なら、たいていは現地在住のジャーナリストに委ねてしまうことのほうが多いのではないだろうか。

とはいえ、私自身、ブックフェアとは別の海外出張の経験がないわけではない。そのなかには新しいビジネスのかたちを示唆するものもあり、とりわけ記憶に強く残っていることについて少し書き留めておこう。

二〇〇四年、一月、雪のスイス、『にじいろのさかな』に関する話である。

『にじいろのさかな』は、もともとマーカス・フィスターというスイス人作家による世界的なベストセラー絵本。日本版は一九九五年、私が異動になる一年前に、児童局から「世界の絵本」シリーズの一冊として谷川俊太郎の訳で刊行されていた。

さかなのうろこがフォイル貼りという特殊加工で実際に光ってみえるという目新しさもあって刊行当時はテレビなどでも取り上げられ、大きな話題になったものだった。

原本は、スイスのNord-Sud（ノルド・ズッド）社の刊行。世界各国で翻訳され、関連グッズも数多く出ていた。

そのノルド・ズッド社の経営が思わしくないという噂を聞いたのはいつごろのことだったろうか。

「にじいろのさかな」マーカス・フィスター／作 谷川俊太郎／訳 講談社

正確な記録は残っていないが、スイス出張の前年、二〇〇三年のフランクフルトブックフェアのノートには、それにかかわるメモがいくつか見受けられる。いずれにしても、ブックフェアでの情報のひとつとして私たちの耳にも入ってきたのはまちがいない。

余談になるが、（世界的な規模での）業界の情報収集と情報交換というのもブックフェアの大事な役割のひとつである。そのためにも、前項ではふれなかったが、できればフェアには同じ人間がある程度長く継続的に通ったほうがいいというのが私の意見。顔なじみを作り、友人とまではいかなくても、会えば、やあやあといえる人間関係を作っていくことはとても大切なことといえる。

私自身、いけば必ず夕食をともにする相手を何人か作っていたし、海外の編集者たちとこちらの若い編集者を交えて、Editors Meetingというようなものを企画したりした。もっとも、言葉の壁もあり、どこまで役に立ったかは心もとないかぎりではあるが。

著作物の権利をめぐって――

ノルド・ズッド社の経営が思わしくない、ということは『にじいろのさかな』の（出版）権利が宙に浮きかねない、ということである。

せっかく日本でも話題になり、売れ筋の絵本として定着（「にじいろのさかな」シリーズとしてこの時点で三タイトルが刊行されていた）してきているというのに、オリジナルの版元の事情で継続できなくなったりしては大ごとである。それに、なにより作者自身、そんな事態を望むわけはないはずだ。

細かい事情といきさつはあまりにデリケートかつ煩雑なので詳述は避けるが、要するに私たちが考えたのはこういうことだ。

これを機ににじいろのさかなの「権利」を著者と直接契約できないか……。

お断りするまでもないとは思うが、絵本だろうが小説だろうが、著作物の権利は著者（＝著作権者）にある。『にじいろのさかな』という絵本もノルドズット社が著者のマーカス・フィスターと契約を結び、絵本として出版する権利を得てドイツ語版（＝原絵本）を刊行し、講談社はそのノルドズット社を通して、日本語版の翻訳出版をする権利を得ている、というわけである。

また、関連して付け加えれば、ひとつの（絵）本に付随する権利がそれだけか、というと、そんなことはない。映画化、ドラマ化の権利、商品化の権利、いずれも源は著作権者だが、個人がハンドリングするのがたいへんなために、出版社なり、別の会社が代行してその権利をライセンスしているわけだ。

わかりやすい例をあげれば、「ミッフィー」というキャラクターである。

もともとこれはオランダのディック・ブルーナの創作による絵本によるもの。翻訳絵本は福音館書店から刊行されている。

が、ご存じのとおり、このかわいいキャラクター、タオルになったり化粧品になったり、ありとあらゆる、とはいわないまでもさまざまなところで「活躍」している。いわゆる「商品化」というものである。

そもそも出版ビジネスと商品化、いわゆるマーチャンダイジングのビジネスとでは契約のしかたからして異なっているものだから、これ以上ふみこむことはやめておくが、ただ、見かたを変えれば、ミッフィーのタオルを出しているメーカーも絵本を翻訳出版している出版社も、キャラクターの権利者（ライセンスを与えるライセンサー）からみれば、同じライセンシー（ライセンスを与えられるもの）のひとつと言える。いや、実際、絵本のなかには翻訳ではなく、ミッフィーというキャラクターを使っただけの数の絵本とかＡＢＣの絵本などというものもあり、それらは文字どおり「本というかたちをした商品」化、といっていいだろう。

ミッフィーの場合、これらの権利をハンドリングしているのは、オランダの原絵本の出版社で、日本国内に関してはその日本法人が窓口となっている（そう、地域の問題もあるのだ）。定期的に各業種のライセンシーが一堂に会するミーティングやパーティーなどもある。これはミッフィーに限ったことではない、ムーミンなどのキャラクターも同様である。

これはチャンスにできる

『にじいろ〜』の場合も欧米では商品化が進んでいて、ハンドリングしているのはノルドズット社。これまたその経営状況によっては宙に浮きかねない。ならば、これを機に新しい枠組みを……ということは、つまりはもう少し講談社が深くかかわれるのではないか、ということでもあった。「チャンス」というわけである。

で、雪のスイスである。二〇〇四年一月二十三日、フランクフルト経由でチューリヒに入り、チューリヒとベルンに三泊ずつ。チューリヒでは市郊外にあるノルドズット社での打ちあわせ。

ベルンにはフィスター氏の自宅がある。

この時点では、まだ、会社としてどの程度のかかわりかたをするか、具体的に決まっていたわけではない。しかし、前にも述べたように、前年（二〇〇三年）のフランクフルトではすでにノルドズット社の経営破綻の話は話題にのぼっていて（というより関係者周知の事実といってよかった）、わたしたちは直接フィスター氏本人ともコンタクトをとっていたから、出張の目的は明確だった。

ノルドズット社の現状を正確に把握すること、フィスター氏の考えと希望を知ること、のふたつである。

まずは最低限「にじいろのさかな」の日本での出版を確保したい社の思いは、もちろんフィスター氏も同じだが、当然作者の守りたい権利はもっと広範囲にわたるわけで、ビジネスを広げる好機としたいわれわれがどこまでそれを共有できるかは、この二点のすり合わせしだいだからである。

言いかたを変えれば、（極端な話）講談社がまるごとノルドズット社を買収するという道から、日本語版の翻訳権だけを切り離して契約する道まで、無数の選択肢があったというわけだ。

出張したのは私と国際室のO氏。O氏は一年間アメリカの大学に留学経験があり、ニューヨーク勤務も長かった英語の達人。いうまでもないが、このたいへんな取材・交渉が私などの英語力で手に負えるわけはない。

Ｏ氏にはフランクフルトのブックフェアなどでもいつも助けていただき、この『にじいろ〜』案件でも相談にのってもらっていた。これはチャンスにできる、というのも、もともとは彼のアイディアでもあった。

とにかくハード――

さて、この出張、内容の特殊さだけでなく、私の記憶に強く残っているのは、そのハードさ、である。

だいたいからして海外出張というのは時差の問題などもあって睡眠不足になりがち。ただでさえそうラクなものではないのだが、このときばかりはその程度がちがった。

まず、朝は毎日六時起き。時差ボケで目が覚めてしまうから、ではなく（むしろおかげで寝坊せずにすんでよかったくらいだった）その日のミーティングの準備から、会社あてにファックスを書いたり送ったり（まだ電子メールなどというものは一般的ではなかった）、場合によっては直接電話で話す必要もあるなど、やることがいっぱいなのである。

昼間の打ちあわせは、だいたいは十時ごろから昼食をはさんで夕方まで、と、これはまあ「ふつう」なのだが、夕方終了して、それで終わりではない。

先にも述べたとおり、打ちあわせはすべてＯ氏の英語によるものだから、私はそれを横で必死にメモを取るしかない（これまたいうまでもないが、すべて聴き取れるわけではないから、わからないところはチェックしておく)。その整理を夕食をとりながら、またとった後もおこなうわけだ。

まずはO氏がその日の打ちあわせの内容をサマライズ(要約して説明)し、私が昼間不明だった点を確認、さらにはそれらを踏まえて次のステップの打ちあわせをする。その結果、社に報告すべきこと、また判断を仰がなくてはならないことを整理する、というわけで、場合によっては最後部屋に戻ってひとりになってから社へのレポートをまとめる、なんていうこともあった。当然、寝るのは深夜。さながらスパルタ合宿のようなものである。

一つひとつ問題を解きほぐすしかない――

もう少し具体的に説明しよう。

まず、初日はノルドズット社との打ちあわせ。先方は社長。O氏と私、それにフィスター氏。フィスター氏とは最寄り駅のタクシー乗り場で、雪に埋もれて車を待っているときバッタリ遭遇した。

前述したとおり、この時点では経営破綻の問題はもうみなが知るところになっていて、ここではその具体的な中身の確認である。どこにどのくらいの負債があるのか、それはいつまでに処理しなければならないのか、個々の権利(出版権だけでなく商品化権、映像化権ナドナド)はどういう状態になっているのか……etc、と多岐にわたる。

とくに最後の問題は、権利が転売されている地域があったりして、複雑怪奇、社長本人でさえ把握しきれていないようなありさまだった。

それでも、こちらとしては一つひとつ確認して、問題を解きほぐしていくしかない。くわえてフィスター氏の意向がある。現状を正確に把握したいというのは氏も同じ。なにせ、『にじいろ〜』以外にも多くの作品が絡んでくるわけで、その意味ではわれわれより切実である。くりかえしになるが、こちらの最低ラインは『にじいろ〜』の出版の確保、そのためにはノルドズット社、フィスター氏の双方が満足し、納得する必要がある。さらにいえば、条件によってはよりこちらにメリットのあるスキームが描けるかもしれない……と、要するに複雑な連立方程式を解くような作業なのである。

もちろん、一回の話しあいですべてわかるはずもなく、出張中も最終日に再度社を訪れることになったのだが（ちなみにノルドズット社はチューリッヒの郊外、フィスター氏宅はベルンの市内。ホテルも変えなくてはならない）それはともかくとして二日目はフィスター氏との打ちあわせに移る。

ベルンでの打ちあわせは翌日から三日間。そのうちの一回は氏の代理人K氏との打ちあわせ。フィスター氏の意向をもとに作成されたメモ（つまりは契約書の原案のようなものだが）をあいだに一項目ずつ検討していった。

そのつど、すでに説明したような手順でO氏と問題点を整理、抽出しては次の打ちあわせに備えるわけだが、きつい分、ポイントは明確になっていった。

ことの性質上、くわしくは語れないが、フィスター氏としては日本での刊行の継続（はもちろんのことだが）より、アジア圏でどう『にじいろ〜』を展開、発展させていくか、ということのほうに関心が強いことがよくわかってきたし、『にじいろのさかな』という絵本、というよりも創作全体において、なにを大切に考えているかということも明瞭になっていった。

これは編集者にとってはとても大事なことで、次の章でもまたふれることにもなると思うが、海外の作家といえども直接コンタクトを取ることの最大のメリットでもある。

長くなってしまった。先を急ごう。

結果としてこの年の三月、講談社は新作を二作書き下ろすことを条件にフィスター氏と「にじいろのさかな」シリーズに関して直接契約を結び、出版権に加えて、タイと韓国を除くアジア圏をハンドリングする権利を得ることになった。

もちろんこの出張だけですべて済んだわけではなく、翌二月にも私たちはベルンに出張するなど、その後も打ちあわせを重ねた結果であるが。また、紆余曲折はあったものの、ノルドズッド社も経営陣が入れ替わり現在なおその活動を続けていることも付け加えておこう。

「ブリギッテがいるよ」

ところで、この出張、そのハードさ、初めてのヨーロッパの雪景色、と、強烈な記憶ばかりだが、なにより私にはたいへん勉強になった。

ひとつは、すでに書いたように「新しいビジネスのかたち」という意味において。もうひとつは、まったく相反するような言いかたをあえてすれば、「昔ながらの編集者と作家の結びつき」という意味において。

前者についてはとくに説明するまでもないだろう。いわゆる「出版不況」といわれるようになって久しい今日、売り上げを旧来的な本（出版物）の売り上げだけに頼るのはすでに限界にきている。

ひとつの作品を映画化、電子化、商品化と、多面的に展開することによって収益をあげていく……これはいまや常識といってもいいくらいだろう。

もちろん、『にじいろ～』の場合は、規模も大きく、かなり特殊なケースだが、考えかたとしては今後より踏みこんでいく必要があるだろう。「出版」という仕事の本質、という面からみて、私自身、こうした考えを手放しで礼賛するわけではないが、営利事業という観点からは少なくとも無視はできない問題といえる。

さて、問題はもうひとつの「昔ながらの編集者と作家の結びつき」ということである。どういうことか。

先にも書いたとおり、出張最初のノルドズット社との打ちあわせは、先方の社長とわれわれ二名にフィスター氏を加えた四名によるものだった。

この構図はいってみれば一対三。フィスター氏にしても、自分の作品を預けていた会社の経営不振のために、出版等の大事な権利が危うくなっているわけだから、いわば「被害者」、われわれとは立場のちがいがあるとはいえ、きっちり事情を説明してもらう権利はあるし、責任を追及してもいい立場である。

しかし、ミーティングをしながら、あるいは雑談をしながら、私が感じたのは、そんなギスギスしたものではなかった。いや、むしろそこで感じたのは、具体的にうまくいうことはできないけれど、やはり長いつきあいの友人間にみられるような、ある種の信頼関係といっていいようなものだった。

もちろん、二人の積み重ねてきた時間を考えれば、当然ではある。当然ではあるが、ただ、その関係は二人のあいだだけのそれほど単純なものではなかった。

「ブリギッテがいるよ」と、打ちあわせの途中で、社長がいった。

ブリギッテとは、ブリギッテ・シジャンスキー、絵本の世界では名編集者として有名な女性。ノルドズット社を世界的な絵本出版社に育て上げたのもひとえに彼女の編集者としての眼力による、といわれている、いまでいえば「カリスマ編集者」だ。ブックフェアのときなどは彼女に原稿を見てもらいたいという作家たちが長蛇の列を作ったという。現ノルドズット社社長の母親である。

それは挨拶しなくては、というフィスター氏について私も彼女の部屋を訪れた。

彼女は静まりかえった部屋で、ひとり、黙々と原稿を読んでいた。

当時、おいくつくらいだったのだろう、もう八十代ではなかったろうか。正直にいえば、「ブリギッテさん、まだ仕事をされているんだ」というのがそのときの私の偽らざる感想である。

型どおりの初対面の私の挨拶とは異なり、フィスター氏は彼独特の柔らかな口調でブリギッテさんと言葉を交わしている。それはけっして長いおしゃべりではなかったが、かぎりなく深い彼女への信頼とリスペクトに満ちたもののように私には思われた。

そう、『にじいろのさかな』もまさに若きフィスター氏が彼女に「持ち込んだ」企画だったのだ。作家と編集者の信頼関係とはこういうものなのだ、とあらためて私は思った。

それはもしかしたら、今回の出張の主目的とは真逆に位置するようなものかもしれないし、実際その信頼関係はノルドズット社の破綻を救い得なかったのではないか、という醒めた見かたもあるのだろうが、しかし、だからこそ、出版という営みのなかで私たちが大事にしなければいけないものがなにか、ということを示唆しているようにも思われるのだ（破綻の原因は簡単にいえるようなものではないし、その余裕もないが、少なくともビジネスとして拡大しすぎたゆえの悲劇、という側面があったのは確かだろう。企業をどう成長させていくかというのはむずかしいテーマで、とても私などの手におえるものではないが）。

そしてまた、付け加えれば、この後フィスター氏宅でじっくり話をする機会があったことも、同じ問題につながってくる。契約というビジネスライクなテーマでありながら、絵本についての考えかた、なにを大切に思って絵本を描くか、などを知ることができたのは、その後の氏との関係において、きわめて有意義な経験だったからである。

3 著者と読者は国境を越えられるか？

「夢想」だろうか

さて、なんとも大仰なタイトルだが、ブックフェアの話をし、雪のスイスの話を書いてきたのも、けっきょくはこのテーマに行き着くため、といってもいいのかもしれない。

「著者と読者は国境を越えられるか？」正確にいえば、日本の出版物の、という言葉が頭につくわけだが。

一般論からいえば、この設問は「愚問」といえるかもしれない。仰々しく問うまでもなく、書店には海外の作家の作品が並んでいるし、村上春樹や吉本ばななの例をもちだすまでもなく、世界中に読者をもつ作家も珍しいものではない。

しかし、こと私が経験してきた編集現場の実感はそれとはかなりかけ離れたものがある。

執筆を依頼している作家はほぼ国内在住者だし、想定している読者も日本国内。なにより販売流通のシステムが、そもそも日本国内のものである。ま、当然といえば当然だが、これには日本という国の地理的条件（島国）も関係しているかもしれない。

少なくとも、ヨーロッパの場合はおのおのの国の市場が小さいために、co-production（co-printing）を他の国に呼びかけて製造ロットを増やすというのがあたりまえで、その意味では少なくとも読者を自国に限定する、という考えはないようだ。

もちろん、われわれのこの「ドメスティック」ぶりは、必ずしも否定されるべきものではない。きわめて現実的、実際的なものである。

が、少なくとも私は時折こんなふうに考えることがあった――（国籍を問わず）すぐれた才能に出会えば、いっしょに仕事をし（＝作品を作り）世界中の人に読んでもらいたいと思うのは当然ではないか……。

ここでは、その私の「夢想」の試行錯誤といくつかの課題について書いてみたい。

まずは「書き手」の問題から。

はじめてのボローニャ、フェア二日目の午前十時――

ブックフェアについての項で、私は海外の作家・イラストレーターたちの「持ち込み」の積極さについて書いた。すでにプロとして仕事をしているような作家（イラストレーター）でも精力的に各社をまわる、そのエネルギーを日本の作家たちも、もっと学んでよいのではないかとも。

とはいえ、これは別にブックフェアにかぎったことではないのだが、持ち込みから即出版になる、というようなケースはごくごくまれなもの。まして、外国人となると、絵の上手い人はたくさんいても、これは、という書き手にめぐりあうことはそうあるものではない。

ただ、なかで一度だけ、ほとんど即決でOKし絵本の刊行にまでこぎつけたことがある。一九九七年、初めてのボローニャでのことだった。

フェア二日目の午前十時。その日の最初のアポは十一時だったが、九時すぎからブースに出ていて、九時半に最初の持ち込み。続いて十時ごろあらわれたのが、その女性、アメリカ西海岸に住むイラストレーター、Lさんだった。

単純な線で描かれた動物や虫の絵をもっていて、名刺には design company とある。彼女もまた、すでにいくつか仕事をしているプロだった。

けっして達者な絵ではないが、なんともユーモアと温かみのある絵柄で、いわば「即戦力」といってよかった。

こういうときの対応のしかたはむずかしい。まだまだ出版のレベルには遠く及ばなければ（ほとんどの場合がそうだが）欠点を指摘してまた来てください、ですむわけだが、実力を認めてなんとかつなぎ止めたいというときはどうするか？

ふつう、国内での持ち込みの場合でも、いくらレベルが高くても「持ち込み原稿」をそのまま出版する、ということは、まずほとんどない。たいていの場合は、打ちあわせをしながら新たに一作描いてもらうか、よくても何ヵ所かの手なおしを要求するというのが一般的である

（もっとも、これは私が育った出版社の「企業風土」のようなもののせいかもしれない。また、厳密に検証したわけではないが海外の出版社の場合は「よし」となったら、無条件で出版するケースが比較的多いような気がする）。このＬさんの場合も、いいな、とは思うものの、さりとて、ではこれ採用しますので、細かい出版の打ちあわせを、と話を進めていくような状態ではない……。

「決定権」の問題

ここで困ったのは、いろいろ話をきいているうちに、どうやら他社でも話が進んでいるらしいことがわかったことだった。

もちろん、持ち込みとはそういうものだ。いくつかの出版社をまわり、自分を評価して（あえて生臭い言いかたをすれば「買って」）くれるところを探す。どこに「売る」かは本人の自由だ。

他人に取られそうになると、よりいっそう「欲しく」なるのは人間心理の常。しかも、相手はなにかにつけて並び称されるライバル会社である。さて、どうしたらよいものか。

ここで、もうひとつ困ったのは、そのとき対応していたのが私ひとりだったこと。しかも、私には「決定権」がないということだった。

少し補足すれば、このときの私の立場は絵本出版部の「担当部長」。いわゆる組織的なヒエラルキーでいえば、ラインの部長は私の上にいて、企画の決定権はその部長がもっている(厳密にいえば最終的な正式の決定権はその上の局長にあるのだがよほど大きな企画でなければ部長はかなりの裁量を与えられていた)。

この「決定権」の問題はかなり大事なポイントで、前項のスイス出張の話ともかかわってくる。私がしばしば早朝や深夜に社と連絡をとらなくてはならなかったのも、ひとえに私に決定権がなかったこと、つまりは上司の判断を仰ぐ必要があったためである。

「にじいろのさかな」の案件の場合は相当に規模の大きなものだったから、ある程度やむをえない側面もあったが、先に紹介したようなブックフェアのふつうのアポでも、たとえばものすごく気にいった、あるいは絶対にいける、と思った本へオファーする権限(前述したサンプルを送ってもらうことと正式なオファーは別のもの)が私にはなかった。これは、私がラインの部長になってからも基本的には同じ。少しややこしい話だが、翻訳権の取得は通常の企画よりハードルが高かったためである。

児童書の専門出版社のなかには、社長みずからがフェアに参加し、直接海外の出版社やエージェントと交渉するケースもある。その場合、もし社長(でなくても決定権をもつ人間であればよいのだが)みずからがこれ、と思うものがあれば、その場で条件も提示し、話をまとめることができる。正直、これをうらやましいと思うことはしばしばあった。

どんな交渉事であれ、どういう人間が交渉にあたるか、言い換えれば交渉当事者にどれだけの権限を与えるか、はきわめて大事な問題である。まあ、当然といえば当然のことではあるが。

「強行突破」

Lさんの件である。

対応していたのが私ひとり、ということは、要するに、その場で彼女に出版を請けあい、ライバル社を断念させるわけにはいかなかったということである。

私はなんとか理由をつけて再度翌日来てくれるようLさんに頼みこんだ。

幸い、そのときいなかったというだけで、ラインの部長S氏もフェアには来ている。翌日の彼の予定の空いているところにアポを入れ、昼休みにブースに戻ってきた部長に事情を説明した。

たまたまLさんとライバル社をつないでいるフリー編集者がS氏の旧知の人ということもあって、その動きを探りにいったりもした。

私たちは昼食をとりながら対策を話しあい、S部長も、これはいいのでは、という私の判断を支持してくれて、「強行突破」しようということになった。話としてはライバル社のほうが先に進んでいたのだが、なんとかこちらで「取って」しまおうというわけである。

翌日、S部長と、通訳として国際部門担当者も交えて、あらためてLさんと話し合い。なんとか、こちらに向きを変えさせることができた（誤解のないように付け加えておくが、なにもここで私たちが多額の契約金のようなものを提示したわけではない。すでにダミーができていたこいぬの絵本を刊行したい、ということ、キャラクターを多面的に展開していきたいという方向性を示しただけ。最終的に決めたのはLさん本人の判断である)。

結果、その年の十月の終わりには、子どもというよりは若い女性をターゲットにした小さな体裁の絵本として刊行された。翻訳にはかなりビッグな女性シンガーを起用し、おかげでワイドショーやスポーツ新聞にも紹介され、ちょっとした話題にはなった。

Lさんが以前から日本のデパート系の商社とマーチャンダイジングの仕事をしていたこともあって、代理店なども巻きこんで商品化の動きも進めた。

ただし、残念ながらこのプロジェクト、話題は一過性のもので、私(たち)が目論んだような成功を収めるにはいたらなかった。

大人物の(おしゃれな)絵本のむずかしさ、絵本の中身自体の弱さ、など、原因はいくつか考えられるが、キャラクターを多面的に展開していくにしては、社内体制の構築のしかたもいかにも中途半端だったのが悔やまれる。

基本的な考えかただけでいえば「にじいろのさかな」プロジェクトと重なるところもあったわけで、もっと大きく構えて臨むべきだったのかもしれない。いずれにしても、私の経験不足、未熟さゆえの「夢想」であった。

エリック・バトゥ

もうひとり、エリック・バトゥという作家のことも書いておこう。こちらは持ち込みではない。二〇〇一年にはＢＩＢ（ブラチスラバ国際絵本原画コンクール）のグランプリをとったフランスの絵本作家である。

ブックフェアに行きはじめた当初、いろいろなブースをまわって、気に入った、というか心惹かれた絵本をあとで集めてみると、同じ作家のものがダブっていることがあった。絵本の世界をまったく知らずに異動してきたせいで、作家名とかの知識がなく、とにかく気に入った絵柄だけで選んだゆえのことだろう。それがバトゥだった。

ヨーロッパでは人気もあって評価も高く、フランス語圏だけでなく、ドイツ語圏などでも出版されていた。もちろん、講談社からも何冊も翻訳絵本として刊行した。

きっかけはいつのブックフェアだったか。確かブース内でのパーティーともいえないような集まりだったと思うが、そのバトゥ氏と偶然会う機会があった。

私は名刺を渡して挨拶をし、あなたの絵が大好きなこと、絵本を翻訳出版していることなどを告げて、日本に興味はないか、などときいてみた。

バトゥ氏は恐ろしく無口で、ほとんど返事らしきものを得ることはできなかった。私の拙い英語が通じなかったか、とも思ったが、いっしょにいた英語のよくできる国際室のスタッフの問いかけにも答えなかったようで、むしろ彼は英語があまりできないのではないか、というのが彼の意見だった。

それはともかくとしても、名刺をもらい、連絡先がわかったのはうれしかった。

当時、私は部長になっていて、現場の担当からは離れていたが、翻訳絵本を主に担当していた編集者も大のバトゥファン。直接連絡をとってみよう、ということになったのである。

前にも書いたとおり、相手が日本人だろうとフランス人だろうと、好きな作家と直接打ちあわせをしたい、というのはいわば編集者の「本能」のようなものなのだ。

細かい経過は省略するが、以後何度かのやりとり（もっぱらファックスだった）を経、ブックフェアに来てもらって直接話をしたりもして、二〇〇六年、私たちは『すいようびくんのげんきだま』という絵本を刊行した。翻訳絵本ではなく、「創作絵本」として。絵はもちろん、エリック・バトゥ、文章はやはりバトゥファンで、彼の絵本の翻訳をしたこともある那須田淳さんにお願いした。

「これは翻訳書ではなく、僕の書き下ろし文章に直接バトゥーさんが絵をつけてくれたものです。こういう国境を越えた合作の輪がもっと

「すいようびくんのげんきだま」
那須田淳／文　エリック・バトゥ／絵
講談社

ひろがるといいなと思います」という刊行に寄せた那須田さんの言葉は私たち共通の思いでもあった。

しかし、と、また付け加えなくてはいけないのが残念なのだが、この試みも、必ずしもうまくいったとはいえなかった。

絵本自体の売れゆきがいまひとつ芳しくなかった（とはいえ大ヒットしなかったというだけで通常と比べて極端に悪かったというわけではなかったが）ということもあるが、それ以上にバトゥ氏との連絡がなかなか取れなくなってしまった、ということが大きな原因だった。マネジメントをしていた父親の病気といった、本人の環境的な問題、文化のちがいなどもあったが、やはり地理的な距離、言葉の壁、というのも大きいといわざるをえない。フランス語のアグリーメント（出版契約書）を作るだけでも一苦労だったから、即大きな結果に結びつかないと、いわゆる「手間ばかりかかって」ということになってしまい、息切れしてしまうというのが正直なところでもある。

失敗例ばかりで、そもそも「見果てぬ夢」なのではないかと思われる向きもあるかもしれないが、それでも、私にとっては、なお追いかけたい、またこだわりたい夢ではある。それは、どこか編集者の仕事の基本的、根源的な部分に通じるところがあると思うからだが、そのことはまた本書の終わりに述べよう。

課題はふたつ

本章の最後に「読者」の「国境越え」について簡単に書いておきたい。ブックフェアの項の最初にも書いたとおり、日本の出版（文化）は圧倒的に輸入超過だから、要するに日本の作品がなかなか海外（とくに欧米市場）に売れないという問題である。

現在では、かなり本腰を入れて日本のコンテンツを輸出しようという態勢になってきていて、いわゆる「売り」のミーティングもふえてきているが、それでもたとえば絵本などでは、欧米の編集者のあいだに「なんで日本からわざわざ買わなきゃいけないんだ」というような優越意識を感じることがまだときどきある。この「不均衡」を直していくには相当の時間がかかることだろう。

とはいえ、児童書の世界でいえば、国際アンデルセン賞を二〇一四年の上橋菜穂子氏に続いて、昨年（二〇一八年）また角野栄子氏が受賞するなど、日本の作品が世界的に評価されてきているのはまちがいのないところ。さらには最近の中国市場、インド市場などの伸長ぶりを見ても、日本の作品が「国境を超えて」読者を獲得する潜在力をもっていることは確かなのである。

課題はふたつある。

ひとつは「言葉」の問題。海外に発信していくためにはいまや世界共通言語といっていい英語に翻訳する必要があるが、その英語のレベルをもっともっとあげていく必要がある。

これは、私（たち）自身の反省をこめていうのだが、内容紹介だからといって意味さえ伝わればいい、ということではないということだ。きちんと鑑賞にたえる英語であること。それを判断できるスタッフ、翻訳できる人材を確保、育成していくことが急務だろう（実際、上橋菜穂子氏はまだ海外での出版が決まらないうちから自作の翻訳に相当なエネルギーを割いたとお聞きしている）。

もうひとつは国としての発信力の問題である。

たとえば中国や韓国の場合、ブックフェアでも国全体を大きくアピールするような設営のしかたをしていて、その演出力、発信力には目を見張るものがある。

言うまでもなく、国家と文化の関係はきわめてデリケートかつ危うい面をもっている。まして、日本には国家が文化を統制した忌まわしい過去があるだけに、相当慎重な対応が必要ではあるが、業界としても、いまいちど（これまでもしばしば議論になったときいているが）真剣に考えてみるべき問題のように思える。口ばかり出したがるが、文化におよそ金を使おうとしないこの国には望むべくもないことなのかもしれないが。

著者も読者も国境を越えられる。ただ、そこには多くの困難があるだけだ。それをどう乗り越えるか、そもそもなんでそんな困難に挑むのか。その問いこそ、おそらく編集の仕事の本質につながるものといえるのだろう。

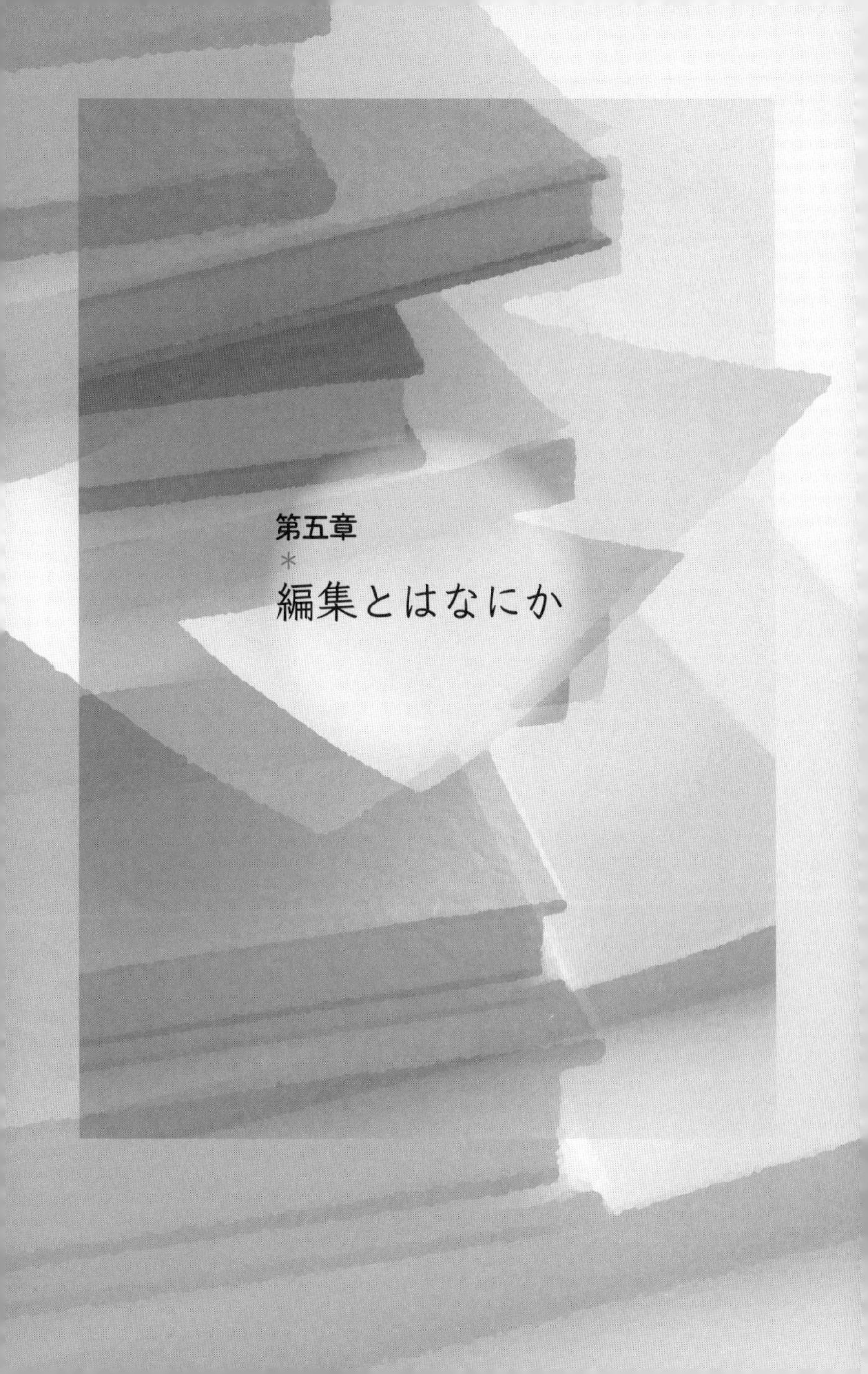

第五章

＊

編集とはなにか

1 管理職としての編集

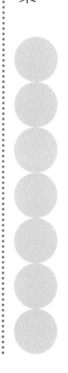

生涯一編集者

「生涯一編集者」、という言いかたがある。編集者にかぎらない。生涯一教師、生涯一鉄道マン、と、どんな職業をあてはめてもいい。

もともとは野村克也氏の「生涯一捕手」あたりからきているのだろうか。管理職になることを望まず（会社組織でいえば出世を志向せず）、「現場」の仕事に固執し、「いい仕事」をなしとげることに生きがいを見出す。そこにはどこか誇らしげな響きがある。

もちろん、私自身、その名にふさわしいような優れた先輩を何人も知っている。定年まで黙々と本を作りつづけ、人によっては退職後もフリーランスとして本を編みつづける。仕事ぶりは丁寧で正確、職人気質でもある。そういった「生きかた」を否定するものではない。

しかし、と、一方でまた考える。

「生涯一編集者」という言いかたには、どこか管理職になることを良しとしない、もっといえば管理職は編集者にあらず、というようなニュアンスが込められているように思えるが、はたしてそうなのか、と。（ただし、話が複雑になるので細かくはふれないが、編集長・出版部長レベルの管理職でいえば、雑誌と書籍とではだいぶニュアンスは異なってくる。雑誌はよくいわれるように「編集長の物」なので、むしろ編集長にならなければ好きなように雑誌を作ることはできないのだが、書籍の場合は一冊ごとに完結しているため、いわば担当者＝編集長。以下の議論は主として書籍の分野の話としておききいただきたい）

実際、はっきりと管理職になることを拒否する編集者もいるし、拒否しないまでも、管理職になってしまっては好きな仕事ができないと「落ちこんでしまう」人もいたりする。

確かに、管理職（たとえば出版部長）となれば、数字の管理もしなければならないし、部員の勤務状態まで目配りをしなければならない。いかにもそれは本を作る（＝編集する）という意味では「よけいな仕事」である。

くわえて基本的には部長は具体的な現場の担当はもたないから（これはおのおのの人の考えかたにもより、それこそ「現場の好きな」部長はみずから担当ももつこともあるが、私はチェックが効かなくなるという意味から、原則として自分では担当をもたなかった。そのあたりのことは『子どもにつたえる日本国憲法』の項に書いたとおりである）なるほどあまり「おもしろい」とはいえないのかもしれない。

しかし、と、また考えてみる。自分自身、管理職になって、編集の仕事をやめてしまったのか？　管理職にとっての編集の仕事とはなんだったのか？　いや、そもそも編集とは？

こういうのが嫌で出版社に入ったのに！――

私が出版部長になったのは二〇〇〇年の六月。少女まんが雑誌の編集長を二度更迭されて書籍に異動し、四年目のことだった。文字どおり三度目のナントヤラで、これで失敗したらそれこそ「ただのアホ」か、と、個人的にはかなりのプレッシャーを感じたものだった。

まあ、この際そうした「感情論」はひとまずおくとしても、さて、では（出版）部長に課せられるミッションとはなんだろうか。

雑誌の編集長の場合は比較的明快だろう。部数を伸ばす、その一言につきるといってもいい。

最近の雑誌不況の中、まんが雑誌などでは本誌自体の部数はわずかでも、掲載作品の単行本（コミックス）がベストセラーになって収益を上げるというケースも増えてきているが、そもそも受けもつ雑誌の部数を伸ばそうと思わない編集長などいるわけはない。

これに比べて書籍の場合、ことはそれほど単純ではない。刊行物はおのおの自己完結しているから、部長がどう頑張っても、それで部数が増えるとか増えないというようなものではない。

人によっては「年間一点のベストセラーを」と目標を掲げることもあるし、これまで扱わなかったジャンルのものを刊行していく、と目標を立てるものもいる。

ただ、これはいうまでもないことだが、要するに目的は数字をあげること。簡単にいってしまえば利益を上げるということで、雑誌の「部数を伸ばす」だって、最終的には同じ事だ。

私たちの営為が、趣味でやっている同人誌やグループでない以上、言い換えれば資本主義社会のなかでの営利事業である以上、きわめてあたりまえの話である。

長々と御託を並べて、なにをいわずもがなのことを、と思われるかもしれないが、しかし、管理職にとっての編集という仕事を考える場合、どうやらこの「数字」の問題がカギとなりそうなのである。言い換えれば、「生涯一編集者」というときの誇らしさの裏には、この数字を扱うということへの反発と嫌悪があるように思えるということだ。

事実、編集者には「数字が苦手」という人が多い。

他人事ではない。かくいう私もそのひとりである。売上表とか、数字の並んでいるものを見ていると頭が痛くなってくるし、管理職になって、部署別損益表なるものを見せられたときには、思わずぼやいたものである。こういうのが嫌で出版社に入ったのに！

冗談はさておき、得手不得手はともかくとしても、そこにあるのはいわば「商売」なるものへの嫌悪感のようなものだろう。

「創造」は「商売」に勝る、という価値観。要するに、管理職になると、その価値観を逆転せざるをえない、という思いと戸惑いが、多くの編集者の意識の根底にあるといっていい（「編集」と「販売」の「仲が悪い」のも同じような理由からだ。編集者はしばしば販売は本の価値もわからずに部数を削ろうとすると不満をもらすが、販売は販売でもう少し売れる本を作ってくれよと苦い顔をする）。

おそらく、それは私たちにとっての古くて新しいテーマにつながってくるものだ。——売れればいいのか？　売れなくてもいいのか？　と。

いい本だから売れなくてもいい——

話は前後するが、私が少女まんがの世界から児童局に移ってきて、ひどくびっくりしたことのひとつに、「いい本だから売れなくてもいい」という考えがある（らしい）ということだった。まんが雑誌で育った人間には信じられない話である。

週刊少年ジャンプの話となるとよく引き合いに出されるように、まんがの世界は「アンケート主義」である。ジャンプほど「絶対」だったとはいわないが、私が過ごした『なかよし』も『フレンド』も、自分の担当した作品が読者アンケートでどのくらいの数字をとるか、ということは最大の関心事だったし、まして質がよければ売れなくてもよい、などという考えの成立するはずもなかった（もっとも、私自身にそうした「アンケート主義」にたいする反発がなかったといえば、ウソになる。ただ、これは別の議論になってしまい、長くなるので詳述しないが、日本のまんがここまで進化、発達したことの理由のひとつは、この「アンケート主義」つまりは徹底的に読者の視線をとりこんできたことにある、というのが私の考えである。私自身の「反発」というのも、どうしたらその読者と拮抗できるか、ということであって、「無視する」ということではない）。

話を戻す。「いい本だから売れなくてもいい」という考え、じつは正確にいえば、初めて聞く話ではなかった。児童局だけではなく、たとえば純文学とか、哲学書だとか、なかなか大きな売り上げの見こめない（簡単にいってしまえば地味で売れにくい）書籍の世界ではありがちなものと、いわばなんとなく「語り伝えられて」きたものだ。

もちろん、いうまでもなく、出版には文化事業的な側面があって、「採算を度外視しても出すべき価値のある」出版物というのは存在しうるし、そうした判断をすることもあるだろう。おそらくは、それらがいつのまにか、まるで「都市伝説」のように「いい本だから売れなくてもいい」と考える編集者の存在、と形を変えていったのではないだろうか。

とはいえ、どこか意識の底にそんな思いがあるとしたら、それはそれでやはり問題ではある。当時児童局は赤字。異動直後の私にこの話をしてくれた、そのころまだ着任まもなかった局長も、厳しい部数競争の週刊誌の経験者だっただけに、「意識改革」の必要性を語っていた。

もっとも、だからといって、その後管理職（部長）になった際に、私が大方針として部員にこの意識改革を説いた、という話ではない。

そもそも先に「都市伝説」という妙な喩えを使ったように、これは実体があるようでないようなもの。少なくとも、現場で仕事をしている間「売れなくたっていいんだ」などと公言した編集者は私の知るかぎり周囲にはいなかったし、私もまた酒席などで、機会があれば、そういった考えのおかしさについて話すことはあったが、その際も別段反対意見が出てもめるわけでもなかったのである。

考えてみればこれはあたりまえのことだ。自分の作った本が売れなくていいなどと思う編集者がどこにいようか？　自分が手がけた本だからこそ、ひとりでも多くの人に読んでもらいたいと思うのは当然ではないか？

にもかかわらず、「創造」は「商売」と対立する。「編集」と「販売」は「反目」する。

それはなぜなのか？

「創ること」と「売ること」の乖離について考えること、「創ること」と「売ること」をどう結びつけたらよいかを考えること。

当時どこまで自覚的だったかは判然としないところもあるが、いま、こうして自分の考えをたどってみると、けっきょく、ここに「管理職としての編集の仕事」の要諦があったように思う。

それは、もとより部長（時代）だけの問題ではなく、局長時代も通しての課題だった。

「進行」問題

ところで、具体的に私がしたことは徹底的に販売の話をきくことだった。

先にも少しふれたように、「編集」と「販売」の考えは往々にして対立する。販売には販売の不満があり、かくいう私自身、少女まんがが時代の昔から、販売にいいたいことはいくらでもあった。ならばともかく話してみよう。お互い言いたいことを言いあってみよう。

これは勉強になった。優秀な販売担当者に恵まれたということもあるが、なにより知らないことばかりだった。それは、とりもなおさず書籍経験の浅い、私自身の無知をさらけだすことにもなるのだが、いくつか例を挙げてみよう。

たとえば「進行」。たぶん、これは児童書の世界にかぎらないと思うが、販売、というより印刷の手配などをする業務も含めて営業一般から編集が槍玉にあげられることがいちばん多いのが、おそらくこの「進行」、簡単にいってしまえば予定どおり原稿が入らない（本が出ない）という問題である（少し補足しておくと、「進行の遅れ」というのはかなり漠然とした言いかたで、極端にいえば企画の発端から、本のできあがりまでの広い範囲をカバーするが、ふつうは原稿の完成から印刷所への入稿、校正、校了そして本のできあがり、までの一連の流れが予定どおりにいかないことをいう）。

もちろん、編集者とて、進行が悪くていいなどと思っているわけではない。編集者の典型的な言い分はこうだ……「いくら間に合ったってつまらないものじゃしようがないでしょう」

この気持ちはよくわかる。まんがの打ちあわせで、ここでダメを出したら締め切りに間に合わないとわかっていても、自分が納得のいかないものをOKするわけにはいかない。編集者とはそういうものである。そういうこだわりがなければ、編集者などやらないほうがいい。が、である。

問題の本質はそんなところにはない、ということだ。販売（営業）も納得のいかないものを作ってくれ、などといっているわけではない。

進行が遅れるとどういう不都合があるのか、

販売担当は懇切丁寧に説明してくれた。進行が遅れると「売りたくても売れない」「売れるものでも売れなくなる」というのだ。

このとき、販売担当者が強く指摘したのは、部数決定時における問題だ。

当時、新刊の部数は刊行の一ヵ月前に部数決定会議（略称部決）なるものを開いて決めていた。編集、営業双方が出席し、どんな著者のどういう内容の本で、どのくらいの原価がかかっているか、などの情報を共有、確認し、初版の部数を決めるのである。

ところが……。「部決時点でゲラもなければタイトルも表紙も決まっていないなんてことがあるじゃないですか」と、販売担当者はいうのだ。

「表紙も内容もはっきりしない本の部数を決めろっていうんですか？　そもそもそんな本をどうやって売れっていうんですか？」

これには一言もない。確かにすべてとはいわないが、なかには進行が間に合わず（！）ゲラ（＝校正刷り、これを読めば内容がわかる）がまだだったり、タイトルも正式決定していなかったり、表紙のデザインもできていなかったり、というケースがあるのは事実だ。

しかも、それは部数決定に支障が出るだけではない、と担当者は説明してくれた。

あまり細かい部分に踏みこんでもややこしくなるばかりなので、ごく簡単にいうと、社内的な問題（初版部数の決定）だけでなく、社外への働きかけがうまくいかない、ということである。

働きかける対象はさまざまだ。取次、書店、アマゾン、図書館などなど。こんどこういう本が出ます、よろしくお願いします……といいたくても材料がなくてはなにもできないではないかと、販売担当者は憤る。図書館などは選定図書に選ばれれば具体的な買い上げにもつながる。情報は早ければ早いほどいい。刊行一ヵ月前にタイトルも決まっていないなど、「論外」というわけだ。

言われてみれば、どれも至極あたりまえのことばかり。こんな初歩的なこともできていなかったとは、ただただ「恥ずかしい」の一語である。

自分が作りたいものをどうしたら実現できるか——

実際、児童書専門出版社の編集者に聞いたところ、彼らは発売の一ヵ月くらい前には見本をもって書店をまわるのがふつうだという。書店の反応を見たり、予約をとったりして部数決定の参考にし、場合によってはゲラを見てもらって修正することもあるのだと。

専門出版社にとってはその一冊の児童書が売れるか売れないかは死活問題。必死になるのは当然である。

要するに私も含めて、編集者の「甘え」ということだろう。「いい本」さえ作ればそれを売るのは販売の仕事。「売る」ために自分たちがすべきことにはいたって無自覚だったということだ。

販売担当者の話に私は納得した。前にも書いたとおり、自分の作った本が少しでも多く売れてほしい、というのは編集者共通の願いだから、こんどは編集現場を説得する番だ。

ただやみくもに進行を早くしろといわれるのと、早くすればこういうメリットがある、といって説得するのとでは、どちらが有効かはいうまでもないだろう。

くわしい経過は省略するが、徐々に進行は改善され（それでも、頭で理解しても実際に進行が早まるのにはかなりの時間がかかったものだったが）部決時にはタイトル、表紙、内容がそろうことが多くなった。

また、一ヵ月前の部決では遅すぎると、いまでは二ヵ月前部決が定着しているというし、主要な書店の担当者を選んで事前にゲラを読んでもらう「書店モニター制度」もこのころ始め、いまでも続いていると聞いている。

さて、長々と書いてきたが、私が管理職（部長、局長）としてしたことの多くは営業部門と密に連携・連絡をとれ、ということに尽きるといってもいい。

それは、けっして数字を管理する立場ゆえの「売上を上げるため」の方策という意味ではない。われわれ編集者の仕事のいわば「仕上げ」をより確かにするためのものだ。

編集と営業（販売）は確かに立場を異にする。したがって、対立することもしばしばある。しかし、その「対立」を表面的な、また単純な「対立」に終わらせることなく、いかにそれを止揚し、より良い方向を見つけるかにこそ、私たちの仕事の本質がある（ここでは主として販売の話を中心に書いたが、原価計算や印刷所などとの折衝をする業務部門との関係についても同様。編集者やデザイナーの希望する体裁、紙質、印刷方式が業務から「高すぎて」できない、とダメが出ることがよくあるが、これも「クリエイティブ」に無理解な営業がダメを出す、ととらえるのではなく、それをもって編集者がやりたいことはなにか、そのためには他のやりかたはないのか、と双方に工夫していくことが必要といえる）。

もちろん、そのためには双方にエキスパートとしての経験と知識が要求される。

私はよく現場の編集者に、企画のごくごく早い段階から販売、業務の意見を聞くようにいってきた。それは営業に媚びて、（販売の要求する）売れそうなものばかり作れという意味ではない。また、一方的にきくだけで、その考えに盲従しろ、という意味でももちろんない。納得のいかない、あるいはエキスパートにあるまじき拙ない考えにははっきりと異を唱えるべきでもある。

それは、自分が作りたいものをどうしたら実現できるかという、まさに編集の仕事の根幹にかかわることだからである。

「子どもにつたえる日本国憲法」の項で書いたとおり、反対部門の賛同を得た企画ほど強いものはないのである。

管理職になるかならないかは自分で決められることではない。いくつかの偶然と必然のからみあった、めぐり合わせのようなものだ。また管理職になろうがなるまいが、編集者の価値になんのかかわりもないことも、いうまでもない。

しかし、管理職になったからといって、編集者でなくなってしまうわけではない、ということだけは言っておきたい。管理する立場になって、編集者であることをやめてしまう人のいることを、残念ながら私は認めざるをえないが、それはむしろあってはならないことというべきだろう。

どんな立場になろうと、「編集という仕事」の本質には変わりがないし、私たちはそれをどんなときにも忘れるべきではないのだ。

それがなんなのかを語る前に、もうひとつだけ私の経験を書いておこう。

2 新しい企画を立ちあげる──『MOVE』の場合

百科事典？

私が児童書の編集にかかわったのは、一九九六年の異動から、二〇一五年に退任するまでの約二十年間である。部長（二〇〇〇〜）局長（二〇〇五〜）最後は担当役員（二〇〇九〜）と立場の変化はあったが、よい仲間に恵まれ、充実した期間だった。

それだけに、たくさんのいい思い出が残っているが、なかで多少自慢めいた言いかたを許してもらえるなら、ある意味では「画期的」と言っていいプロジェクトについて簡単に書き留めておこう。

小むずかしい編集論を展開しようとは思わない。ひとつの「いい経験」として、である。

二〇〇九年の一月だったと思う。児童読み物文庫の出版部員のM君が、こんなことを言ってきた。

「児童局のなかに（子供向け）百科事典のプロジェクトチームを作りたいんですけど」

M君は新入社員時代から私もよく知っている優秀な編集者である。なんでも新年会の三次会で酔っぱらって口走ったところ、同席者のなかの二人から賛同を得たのでいっしょにやりたいということらしい。

百科事典？　と、私はいささか驚いた。

飲み会の席でふだんなかなか口にできないことをいうことは、そう珍しいことではないが、百科事典とは想定外。そんなことを考えていたのか……。

Nさんがかかわるなら

加えてもうひとつ、賛同者の一人に当時絵本の出版部長をしていたNさんの名前があったということも私を少なからず驚かせた。

Nさんは私がもっとも信頼する編集者のひとりである。児童書の経験も長く、その編集能力は私などの比ではない。その彼女が百科事典に興味をもっているとは思ってもいなかった。

私はN部長が加わることを条件にプロジェクトチームのスタートを了承した。

通常の単行本と異なり、百科事典となるとかかる手間も費用も半端ではない。また、後に述べるような事情もあって、この時点では正直このプロジェクトの先行きはまったく不透明といってよかったが、それでもNさんがかかわるなら、という期待はあった。なにより、どんなプランであれ、きちんと検討されるべきなのは言うまでもないことでもある。

私の考えはM君を通じてNさんに伝えられ、あらためてNさんが私のもとに来て正式なスタートとなった。

「けっこうおもしろいという意見が多くて……」と、ためらいがちではあるものの彼女もまんざらでもないようすだった。

もっとも、このプロジェクトチームの議論に私自身が直接かかわったということはなく、その中身についての詳細も承知していない。

話のあった年の翌二月には子ども雑誌も含めた児童部門全体を統括する立場に変わったという事情もあるが、現場のことは現場に任せるべき、というのはどんな問題であれ、私の基本原則であった。また、Nさんが仕切ってくれるなら、まちがいはないだろうという思いのあったことも、前述のとおりである。

もちろん、時折Nさんから、またM君からも議論の経過は伝えられてきた。

ためらいの理由

当初「(子ども向け)百科事典」としてスタートした議論は「図鑑」という形態に絞りこまれ、編集プロダクションをどこにするか、というような検討も行われたようだ。また、Nさんの判断で、やるならば部をまたいだ(児童局全体の)共同プロジェクトではなく、M君個人を中心にしてすべき、という方向性(これは結果的には大正解だったと思う)も出された。

M君の「思い」もよく伝わってきた。

子どものころから百科事典や図鑑が大好きで、小学生のときに読んだ科学雑誌ニュートン創刊号の衝撃が忘れられないという。

新しい時代への対応も視野に入れ、NHKと組んでDVDをつけるというアイディアも（余談だが、彼は最初インターネットとの連動を考え、ブックフェアに参加するなどして海外の事情を調べたという。最終的にはDVD案に変更されたとはいえ、ブックフェアへの参加がこうした具体的な仕事と結びついていくのはうれしいことだった。その後もM君は直接海外のイラストレーターなどとコンタクトをとって仕事を進めている）。

二〇一一年に大きな話題となった図鑑MOVEの、これがそもそもの始まりである。

ところで、企画の内容が見えてきて、それなりに手ごたえを感じながらも、私にはまだ幾分のためらいがあった。それは、先にもすこしふれた「ある歴史的な事情」のためである。それはなにか。

講談社の動く図鑑「MOVE」

そもそも講談社の図鑑刊行は、一九五三年、『講談社の学習図鑑』の創刊が始まりだが、簡単にいってしまえば、以後は苦戦の連続。撤退と参入をくりかえしながらも、ライバルの小学館、学研に大きく水をあけられてきた、というのが正直なところだったのである。

事実、私が児童局（当時）に異動してきた一九九六年時点でいえば、その三年前の九三年に刊行した「パノラマ大図鑑」第二十八巻（「科学あそび」）を最後に図鑑刊行は終了、事実上何度目かの撤退をしたところだった。学研、小学館にはかなわないものなあ、図鑑は手間ひまかかるばかりで「儲からない」から……というのがおそらく私を含めて当時の社員一般の漠然とした感じかただったのではないだろうか。

加えてもうひとつ、動物図鑑『ウォンバット』の問題があった。

『ウォンバット』は一九九七年に発売された全四巻の動物図鑑。当時社内で発見された貴重な写真資料を活用しようと企画されたもので、既述のような図鑑市場の状況に一矢を報いたいという狙いもあったが、残念ながら必ずしも成功とはいいがたい結果になっていた。

この『ウォンバット』刊行に際して、当時の児童局長（私の前任者）はこう明言していたのである。

「これが失敗したらもう図鑑は出さない」

「熱量」と「息遣い」――

もちろん、これは社長の言葉でもなければ、社外に正式表明した公式見解でもない。

とはいえ、児童書部門の責任者の言葉、しかも市場の動向や経緯を考えれば、かなりの重みのある言葉である。

私が児童局長を引き継いだのは二〇〇五年だが、当然前任者のこの発言は承知していたし、いま述べている企画がもちあがった〇九年時点でも、各部の部長ともども共有しているものだった。そうおいそれとゴーサインを出せるものではないのである。

では、最終的に私に決断を踏みきらせたものはなんだったのだろう？　それを、単に「企画の強さ」といってしまっては、どこかちがうような気がする。「強さ」というよりは、その「熱量」といえばいいだろうか。言い換えれば、発案者であるM君の「思いの強さ」である。

彼は「図鑑」を作りたくて会社に入った、とまでいうほどの熱意をもち、ありうべき明確な「図鑑」のイメージをもっていた。既成の図鑑のどこがどうおもしろくないのかを具体的に指摘できた。これはすごいことである。

たとえば、大きな企画を検討する際にしばしば取られるマーケティング（市場調査）の手法と比べて考えてみよう。

対象となる読者を集め、アンケートをとったり、サンプルを見せてフリートーキングをしてもらったり、と、規模の大小はともかくとして、私も何度か経験があるが、かりに「図鑑」というテーマで行った場合、はたしてこのMOVEのような企画が誕生しただろうか？

それこそ学研、小学館という二大勢力の寡占状態にあった市場をみれば、むしろ新規参入はむずかしいという結論が出そうだが、もしできるとなっても、おそらく同じようなものは出てこなかったと思われる。なぜか。

それは、マーケティングの本質として、すべてが「数値化」されてしまうからである。

そこには「血」が流れていない。生々しい「息遣い」がないのである。

まだまだ企画しだいで、大きなヒットが打てる――

この図鑑MOVEの時期は、ちょうどこれも大きな話題となった少年まんが「進撃の巨人」（少年マガジン）大ヒットの時期と重なるが、「進撃の巨人」もまた、持ち込み原稿を見た新入社員の強い思いから連載が始まったといわれている。

いずれも初めは個人の〝熱い思い〟。この共通点はけっして偶然のものとは私には思われない。

出版の仕事を語るとき、企画がすべて、とはよくいわれることだが、そこで問われるのは内容はもとより、そこに込められた担当者の熱量、エネルギー量だろう。

そして、もし出版部長や編集長（管理職！）にその採否の権限があるならば、その〝熱さ〟以外のなにに賭けようというのだろうか。

ともあれ、二〇一一年の七月『動く図鑑MOVE』は動物、昆虫、恐竜の三巻を同時発売し、大きな反響をよんだ。わずか二年半で累計百万部を突破し、二〇一三年には二大ライバルを押さえて、学習図鑑のジャンルでは販売部数のトップに立つことができた。

この経験は、厳しさを増す出版界においても、まだまだそれこそ企画しだいで、大きなヒットが打てるということが証明されたわけで、私たちには大変な自信になった。

そして、そのヒットを支えるものが、じつはきわめて個的でプリミティブなものだということを示したという点でも、大きな意味をもっていると私には思われる。

なお、競争の激しい世界のこと、二〇一四年の学研を皮切りに、競合他社もＤＶＤつき図鑑に参入し、抜きつ抜かれつの熾烈な争いが続けられているが、ＭＯＶＥ自体はタイトル数を増やしたり新訂版を出したりするなどして堅調に推移していると聞いている。

3 編集者とはなにか——読者と作家のあいだで

「人間そのもの」を扱う仕事

さて、長々と「編集とはどういう仕事であったか」と、みずからの経験を書き連ねてきた。なんどかお断りしたように、あくまでこれは私の個人的な体験である。

これを分析し、抽象化して、普遍的な「なにか」、たとえば編集者に必要な資質とか、能力とか、そんなものを導き出せれば、それはそれで「有益な」本になるのだろうが、それは私の意図するところでもないし、また、私にそんな能力もない。

また、かりに、編集者に必要なものは「企画力」だとか「対人関係能力」だとか、そんなことをいってみても、いうそばから、なにかほんとうに大切なものが抜け落ちてしまうような、そんな気がするのも確かである。

ただ、こうしてあらためて自分のしてきたことを思い返してみると、編集という仕事がきわめて「人間臭い」ものだ、というのはまちがいないような気がする。

いや、「人間臭い」というよりも、むしろ「人間そのもの」を扱うのがこの仕事の特徴といってもいいのだろう。

「人間そのもの」を扱う、とはどういうことなのか。それはふつうの仕事とどこがちがうのか。そのことを最後に考えてみたい。

私は先に、出版社といえども企業として利益を追求していくことは当然である、という意味のことを書いた。その考えを変えるつもりはない。

鍋や釜を作る会社（でなくてももちろんなんでもいいのだが、昔は先輩からよく出版社は鍋釜作っているんじゃないんだから、という言葉をきかされた）だろうと出版社だろうと、この資本主義社会で「商行為」をおこなう以上、当然のことだろう。

しかし、調理器具の会社の「商行為」が鍋や釜を売ることだとしたら、出版社の「商行為」はなんなのだろうか？　そもそも出版社はなにを作り、なにを売って利益を得ているのだろうか？

なにをわかりきったことを、といわれるだろうか。出版社が売っているのは雑誌や書籍、時代が変わってきて「版権」云々と言っても元は雑誌と本にちがいないではないか、と。

ちがうのだ、と私は思う。出版社が作っているのも、また売っているのも、本や雑誌ではない。

それらはいわば「器」にすぎないのであって、私たちが作っているのはそこに盛られている「なにか」だ。私がかかわってきた世界でいえば、まんが作品であり、絵本であり、子ども向けの読み物である。

それらは形をもたない「なにか」である。紙に印刷してあるものを束ねてあるといっても、たとえば漱石の作品は文庫にしようと全集にしようと漱石の作品であるように、いわば融通無碍、どんな形にもなるものだ。

伝えようとする意志――

私はいたずらに屁理屈をこねまわしているのだろうか？ そうではあるまい。

それは「感情」といっても「思想」といってもいいのかもしれないが、私たちはその形にはならない「なにか」を「読み」、共感し、あるいは時には反発して「なにか」を感じ取っていく。私たちの（あえてこの言葉を使えば）「商行為」の根幹にあるのはこの「なにか」のやりとりなのである。それを「人間そのものを扱う仕事」といわずしてなんといおうか。

そもそも本や雑誌を買って「読む」という行為そのものがきわめて「人間臭い」営為ではないか。鍋や釜を買った消費者がそれらを使うという行為とは明らかに異なるものであろう。

バブルがはじけ、出版不況といわれるようになってから、よく「出版社といえどもふつうの会社と同じだ」という議論があった。

出版文化の担い手、というような「甘え」を捨て、経費の使いかたなどをもっと厳しく見ていかなくてはならない、というものだ。

くりかえしになるが、「良いものなら赤字でもいい」では、企業として成り立たないわけだから、もちろん一定の正当性をもつ考えかたである。

しかし、そういった議論のとき、しばしば使われた「読者＝（エンド）ユーザー」、という考えには、やはりここで異を唱えておくべきだろう。

かくいう私自身、「甘えの払拭」を強調するためにそういった言葉を使ったことがないといいきれず、自省をこめていうのだが、あらためて読者はユーザーではない、ということの意味を私たちは確認する必要があると思う。それこそが、出版（編集）という仕事の本質を見失わないことにつながっていくのだろう。

もうひとつ「作る」という言葉に関してもふれておこう。

これまで、私は人間そのものであるような「なにか」を私たちが「作っている」という言いかたをしてきたが、これは正確ではない。いうまでもなく、まんがを描くのはまんが家であり、絵本や読み物を書くのは作家であるからだ。

では、出版社は、もっと具体的にいえば編集者はなにをしているのだろうか？

もちろん、作家と相談、協力し、あるときは助言を与え、バックアップすることを「作る」と言いあらわすことに不都合はないのだが、もっと踏みこんでいえば、それは「伝える」あるいは「伝えようとする」ということではないだろうか。誰に？　もちろん「読者」、いや読むことではじめて「読者」になるということならば、「より多くの見知らぬ人たち」へ、である。

編集という仕事の「中核」にあるのは、「目に見えないなにものか」への「共感」であり「感応」である。そして、それを「より多くの人」へ「伝えよう」とするのが出版という仕事なのではないだろうか。

つなぐもの、つなげること――

私は上橋菜穂子氏の『獣の奏者』(二〇〇六年講談社刊)の原稿を担当者から見せてもらったときのことを思い出す。

もちろん、まだ刊行前である。所用あって都内のホテルに泊まっていたときのことで、早朝、部屋で読み終えたときの感動はいまだに忘れられない。

これはすごい! と、ほとんど私は圧倒される思いで原稿を前につぶやき、いてもたってもいられない気持ちだった。誰かにこの面白さを教えたくてたまらなかったのである。

おそらく、担当者も原稿を最初に受け取って読み終えたとき、同じような思いにとらわれたにちがいない。

つまり、そこにこそ、本というかたちにしてそれを未知なる人たちに届ける、という出版という仕事の原点があるのではないだろうか。

読者と作家と編集者―私たちがたえず仕事の基本に見据えていなければならないのは、この三者の関係である。(自分の経験によっているため、ここでは「作家」中心の仕事について語っているが、ジャーナリズム系の雑誌でも、ファッション誌でも本質的には同じだと私は思う）この三者の緊張関係の維持こそが、私たちがもっとも心配らなければならないものなのである。

作家と読者をつなぐものとしての編集者。

編集者はその双方との緊張を維持しながら、みずからが感じた「なにものか」を作家から読者へと伝えようとする。

伝わりにくいからと、表現の手なおしを作家に要求することがあるかもしれないが、それは読者への迎合でも作家の個性の圧殺でもあってはならない。また、作家の個性に惚れこむあまり、それを読者に押しつけてもならない。どうしたらその両者をつなげられるか、ほんとうに大事なものを「伝える」ことができるか。それは、まさに気の遠くなる、「綱渡り」のような作業、といっていいだろう。

この文章の最初のほうで、私は新人のころ、「まんが家と編集者のどちらが偉いのか」というのが最大の疑問だったと書いた。そしてそれはイコールであるとも。

おそらく、このことも「読者」を媒介にして考えるべきものだったのだろう。どちらかが一方的に「偉い」などということはなく、なにより作家の「思い」をどうしたらよりよく読者に伝えられるのか、が問題なのだというように。

また、しばしばふれた「文化性」と「経済性」の問題も同様だ。単純に売れるものを作ればいい、とか売れなくてもいい本を作ればいい、というような問題ではなく、それぞれの本や雑誌をどう読者に届けるか、それぞれの「思い」をどう読者に伝えるか、それこそがまず考えられるべきものであって、「売上」も「利益」もその結果としてのものなのだ。

私は先に「読者はユーザーではない」と書いた。

似たような言いかたをすれば、われわれが目指すべきは「伝える」ことであって、「売る」ことではない。編集者が自分の作った本（雑誌）が売れてほしいと思うのは、「売れる」ことが結果的に思いを伝えることにつながるからであって、あえていえば「売上」や「利益」のためではない。

言葉をもてあそんでいるかのように思われるかもしれないが、私はこの違いは大きいことのように思われる。

それをふまえるからこそ、「売れればいい」というものでもなく「（よいものならば）売れなくてもいい」というものでもないのである。

くりかえす。編集とはきわめて人間臭い仕事である。編集者が伝えようとするのは、言葉にも数値にも置き換えられない「なにか」、いわば人間そのものとしかいいようのない「なにか」である。私たちはそれを忘れてはならない。

箱根駅伝で一躍名前をあげた青山学院大学の原監督はこういっている。

通信教育のごとく現場も見ず、寮生活で何をしているかわからない中で、出てきたデータだけを見ていたら、采配はできないですよ。僕はこれを企業の人事担当者や管理職にも言いたい。効率化を求めて、メールで送られてきた営業日報だけを見て、出世させたり方向性を決めたりするのは大きな間違いだ。フェース・トゥ・フェースでアナログなこと、ムダなことこそ大切にすべきです。

（ZAKZAK／二〇一八年一月五日）

私にはこれは「出版」という仕事について語っていることのように思えてならない。

編集とはどういう仕事であったか？　それは「伝えようという志」である。

あとがき

会社を退いてからのほうが「編集とは何か」と考えることが多くなった。

仕事をしている間というのは、どうしても目の前の問題に追われ、ゆっくりものを考える余裕がない、多少格好をつけていえば、「走りながら考える」という状態だから、それだけ暇になったということだろう。遅ればせながらの「反省」という意味もある。

が、もう一つ、私たちを取り巻く状況の変化、ということもある。

世は出版不況といわれて久しい。どうしても「売れる」ものが優先されてきて、それゆえの「息苦しさ」をいろいろな形で耳にするようになってきた。「やりたい企画が通らない」というような声さえきこえてくる。

加えていささかきな臭い「時代」も問題だ。出版に限らず、新聞、テレビなどメディアのあり方、ということも問われているだろう。

大上段に「権力」との距離、などというつもりはないが、様々な困難の中で、編集者が本当にやりたいことをやるとは、どういうことなのか、そのためにはどうしたらいいのだろうか？

いや、そもそも「編集（者）」とは何なのか？

いまさら断るまでもなく、私は「伝説の編集者」でもなければ「カリスマ編集者」でもない。世間を騒がせた作品の裏話が書けるわけでも、時代を画するような出来事に関わったわけでもない。読者にとってみれば何ともご退屈様、ということになるかもしれない。

しかし、たとえ凡庸な歩みであれ、私にとってはその自らしてきたことを検証することによってしか、「編集とは何か」という問いに答える術はない。なにより、はなやかな事象を通してしか編集という仕事の本質が語れないというものでもないだろう。

「大文字」で物を語るのは好きではないので、といえばもっともらしいが、要するに抽象能力に欠けるために、とにかく時系列で自分のしてきたことをなるべく具体的に書くように努めた。したがって、所詮は限られた環境での個人的な体験に過ぎないではないかといわれればそれまでである。批判は甘受するしかない。読まれた方が、その中から、何事かを自分に引き寄せて受けとめて頂ければ、と願うだけである。

退任して間もない二〇一五年から書き始め、途中事情があって一年以上中断したが、書きながら視えてきたことも多々あって、それは自分でも思いがけない収穫であった。

但し、デジタル時代の今とのギャップ、これもまたご容赦頂くしかない。編集者がやらなければならないことが変わってきていることもまた、確かなことなのだろうが、だからこそ「原点」について語ってみたかったということである。

いずれにしても「編集とは何か」という問いにおそらく「正解」はないだろう。

この拙文を読まれた方が、もし何かを感じて頂けるなら、更にそこからまた「編集」という仕事についての問いかけを続けていかれることを切望するものである。

本文中にも何度か繰り返したが、メモや記録の不備から事実関係についてはこころもとないところもある。時間的な前後関係の誤りなど、お気づきの点があればご指摘いただければ幸いである。

最後になってしまったが、四十年以上の編集者生活をふりかえると、家族への負担についてはいいわけのしようもない。妻にはただただ感謝である。

また、原稿をまとめるにあたって貴重なアドバイスを頂いた横山建城氏、出版の労をお取りくださった社会評論社の松田健二氏、松田氏を引き合わせてくださった平山昇氏のお三方に厚く御礼申し上げる。ありがとうございました。

二〇一九年八月

大竹　永介

筆者紹介■大竹永介（おおたけ・えいすけ）

1949 年生まれ。早稲田大学法学部を卒業し、1973 年講談社入社。主に少女まんが、児童書（絵本）の編集に長く携わり、児童局長、取締役を歴任。2015 年に現役を退く。2016 年の夏の終わりから 2 か月半パリで一人暮らしを体験。著書に『留学ごっこ―自立した独居老人になるためのパリ生活右往左往』（kindle 版 https://www.amazon.co.jp/dp/B07B6N3JGZ）がある。趣味は落語とお酒。

出版文化と編集者の仕事
── 個人的な体験から ──

2019 年 10 月 10 日　初版第 1 刷発行

著　者　大竹永介
発行人　松田健二
発行所　株式会社 社会評論社
東京都文京区本郷 2-3-10　〒 113-0033
tel. 03-3814-3861/fax. 03-3818-2808
http://www.shahyo.com/

装幀・組版デザイン　中野多恵子
印刷・製本　株式会社倉敷印刷